现代能源经济
理论与政策研究

王喜明◎著

中国商务出版社
CHINA COMMERCE AND TRADE PRESS

图书在版编目(CIP)数据

现代能源经济理论与政策研究 / 王喜明著. --北京：
中国商务出版社，2016.5

ISBN 978-7-5103-1525-1

Ⅰ.①现… Ⅱ.①王… Ⅲ.①能源经济－研究 Ⅳ.
①F407.2

中国版本图书馆 CIP 数据核字(2016)第 113394 号

现代能源经济理论与政策研究
XIANDAI NENGYUAN JINGJI LILUN YU ZHENGCE YANJIU
王喜明 著

出 版：中国商务出版社

地 址：北京市东城区安定门外大街东后巷 28 号

邮 编：100710

责任部门：职业教育事业部(010-64218072 295402859@qq.com)

责任编辑：吴小京

总 发 行：中国商务出版社发行部(010-64266193 64515150)

网 址：http://www.cctpress.com

网 店：http://cctpress.taobao.com

邮 箱：cctp@cctpress.com

照 排：北京亚吉飞数码科技有限公司

印 刷：三河市铭浩彩色印装有限公司

开 本：710 毫米×1000 毫米 1/16

印 张：15 字 数：208 千字

版 次：2016 年 5 月第 1 版 2017 年 6 月第 2 次印刷

书 号：ISBN 978-7-5103-1525-1

定 价：58.00 元

前　言

改革开放以前,由于我国经济和社会发展水平较低,对能源的需求和消耗比较小,我国的能源储备完全可以满足日常需要,因此那个时代的能源经济工作主要是围绕能源的开发和利用来进行的,不涉及经济方面的问题。从 20 世纪 80 年代开始,国内的一些学者开始接触能源经济,并开始了系统的研究,但是由于种种原因,能源经济领域的研究一直处于比较冷淡的状态,能源经济学这门学科始终没有真正建立起来。

近十年来的大量事实表明,中国的能源生产增长无法满足经济发展的需求,对外部能源的需求不断上升,依赖性明显加强。高能耗的粗放型经济模式也对我国的能源资源造成了极大的浪费与破坏,能源短缺正日益成为制约我国经济和社会发展的瓶颈。能源问题不仅是经济问题、社会问题,也是事关国家安全的重要问题,我们一定要重视能源问题,在能源资源短缺的情况下,通过能源经济和市场调整保证我国的能源供应。

作为一个能源生产和消费大国,支持经济可持续发展是中国在新时期面临的一个重大战略规划问题。而如何平衡能源三大基本目标,既支持经济增长,又保证环境可持续性和保障普遍能源消费和能源安全,则是能源改革的核心问题。中国经济愈加强大,对能源愈加关注,能源改革愈加迫切,能源经济学的研究就更有必要成为经济学界的主流,就更加需要能源经济研究者为能源改革与决策提供有影响力、有建设性的观点和建议,这也是本书创作的初衷。

本书共分八章,对能源经济进行了分析和研究,第一章对能源与经济发展的关系进行了阐述,第二章对能源需求的结构变动与预测进行了深入的研究,第三章对能源供给理论及其科学预测进行了分析,第四章为能源市场效应与资源配置的相关内容,第五章对能源价格机制及其市场调配作用进行了深入的探究,第六章主要分析了能源效率的影响要素机制及测度测量,第七章对国际能源贸易与能源金融进行了全面的研究,第八章对新能源的开发利用以及低碳循环经济的发展进行了分析展望。

本书主要有以下几个方面的特点:第一,系统性,本书系统全面地分析和研究了能源经济的各个方面,结构完整,内容充实;第二,现代性,即理论研究与当代能源市场和当代能源环境紧密结合;第三,学术性,权威专家学术成果的融入,增强了本书的学术深度和阐述力度。

本书在撰写的过程中参考了许多专家、学者的已有论著和研究成果,未能一一注明,在此表示由衷的歉意。由于笔者的才力、学力和精力有限,书中难免存在不足和疏漏,在此,真诚地希望各位专家学者和读者朋友给予批评和建议,不胜感激。

作　者

2016 年 3 月

目　录

第一章　能源与经济发展

　　了解主要能源在世界主要国家和地区的分布及供求现状有助于各国根据本国实际资源禀赋来制定合理科学的能源经济政策,对经济增长方式的改变有重要的指导意义。

第一节　能源的科学内涵

一、能源的概念

　　能源是人类赖以生存的物质,是发展生产、改善人民生活的物质基础。人类文明的一切都离不开能源。人类在进入能源经济学领域之前,最先关注的是资源经济学,因此,在介绍能源的概念之前,有必要了解什么是资源,能源与资源有什么异同。

　　人类能够从自然本身获得,并且可将之运用于生产、生活的物质和能量,称之为资源。能源是指从自然界获得的具有能量的物质,它是能量的来源或源泉。能源与资源的区别就是,能源能够为人类提供某种形式的具有能量的物质,或者说能源是某种物质的运动。物质只有不断进行自身内部的运动,才能产生并提供能量,这些物质的运动也是能源。例如,空气在运动中能够产生风能,水在运动中会产生水能。

　　能源与能量也是两个不同的概念,能量是指物体进行做功的能力。能量的形式是多种多样的,有热能、光能、电能、机械能和生物能等等多种形式。能源物质中储存着各种各样形式的能量,并且不断为人类的生产生活提供帮助。煤炭中蕴藏着大量的化学能,通过不断燃烧释放出热能,使化学能转变成热能;如果再通过内燃机和发电机的装置,热能就会进一步转变为机械能或者电能,这就是做功的过程。

能源与资源的区别在于资源不都是能源,因为有的资源能够提供能量,而有的资源不能提供能量。如阳光是资源,也是能源,而耕地、铁矿石是自然资源,却不能直接提供能量,所以不是能源。

二、能源的计量

能源计量单位(unit of energy)是表示能源的量的计量单位。具有确切定义和当量值的能源(能量)单位主要有焦耳(J)、千瓦时(KWh)、千卡(Kcal)和英热单位(Btu)。

不同能源之间进行比较需要统一计算单位,否则不能进行比较。正是由于不同的能源之间,具有共同的含有能量的这一属性,并且能源在一定的条件下都可以转化成热量,所以为了便于计算,方便比较,进行能源之间的分析,可以将某种统一的标准燃料作为计算的依据,通过能源折算系数的计算,将各种能源的实际含热值与标准的燃料热值进行对比,进而计算出各种能源折算成标准燃料的数量。目前,国际上采用的标准燃料有三种,分别为煤、油、气。将煤作为标准燃料进行计量,这种计算方式被称为煤当量;以油作为标准燃料进行计量被称为油当量,以气作为标准燃料来计量时称为气当量。

(一)标准煤

标准煤又被称为煤当量,是一种统一的换算指标,便于计算各种能源量的热值,进而进行比较。迄今为止,标准煤的热值没有一个国际上公认的统一规定值,我国采用的是煤当量,将其作为能源的计量当量。折算的具体方法是,用1千克标准煤的热值能源量对一切燃料和能源进行度量,即某种能源1千克实际热值除以1千克标准煤热值29.3兆焦的数值就是煤当量系数。

水电作为一次能源进行计量时,要按照当年火电厂生产1千瓦时电能实际耗费的燃料的平均煤当量进行计算,联合国统计资料是按照电的热功当量计算,1千瓦时的水电相当于3.6兆焦,将其换算成煤当量的系数,数值为0.123。

（二）标准油

标准油又称油当量,是指按照一个规定的油的热值对各种能源量时进行综合换算的指标。1千克标准油的发热量等于41.82兆焦,或者10000千卡。具体的折算方法是,用1千克的标准油的热值对一些燃料、动力能源进行度量,即油当量系数等于某种能源1千克实际热值除以1千克标准油热值41.82兆焦。

世界能源消费以石油和天然气为主,能源的统一计量单位也通常采用吨油当量。一些以煤炭消费为主的国家（包括我国在内）,通常会采用标准煤作为能源的统一计量单位。

（三）标准气

标准气是指一个规定的气的热值计算各种能源量时所用的综合换算指标。发热量等于41.82兆焦（或10000千卡）的气体燃料称1立方米标准气。它通常用于各种气体燃料之间的综合计算,以及与标准油、标准煤之间的换算。1立方米标准气等于1千克标准油;1立方米标准气等于1.4286千克标准煤。

计算能源生产（消费）量时,应遵循以下步骤。

将各种能源产品分别按实物量统计,实物量统计仅反映各能源品种的产量,而不是能源产品的生产总量。

为了综合反映能源生产总量,必须将各种能源产品按各自不同的发热量计算出共同的换算标准。

我国在合计能源总量时常以各种能源按实物量乘以折标煤系数,折合成标准煤的合计数,即:

$$能源合计总量 = \sum(各能源品种实物量 \times 折标煤系数)$$

需要注意的是,能源生产总量并不等于各种能源换算成标准煤之和,因为二次能源是由一次能源转换产生的,所以能源生产总量是各种一次能源生产量标准煤之和。

三、能源的评价

能源多种多样,各有优缺点。为了正确地选择和使用能源,必须对各种能源进行正确的评价。通常能源评价包括以下几方面。

(一)储量

储量是能源评价中的一个非常重要的指标,作为能源的一个必要条件是储量要足够丰富。人们对储量常有不同的理解。一种理解认为,对煤和石油等化石燃料而言,储量是指地质资源量;对太阳能、风能、地热能等新能源而言则是指资源总量。而另一种理解是,储量是指有经济价值的可开采的资源量或技术上可利用的资源量。在有经济价值的可开采的资源量中又分为普查量、详查量和精查量等几种情况。在油气开采中,通常又将累计探明的可采储量与可采资源量之比称之为可采储资比,用以说明资源的探明程度。储量丰富且探明程度高的能源才有可能被广泛的应用。

(二)储能的可能性

能源在不被利用的时候可以储存起来,再需要利用的时候又能实现立即供应,这一可能性的实现就是储能的可能性。化石燃料被储存的可能性比较大,但是对于太阳能、风能来讲,想要将其储存起来,是一件比较困难的事情。大多数情况下,能量的需要是不均衡的,就电能而言,在白天的使用量要多一些,深夜用电量会少一些;冬天对于热能需要多一些,夏天需要少一些。所以,就能量的现实利用状况来讲,储能是很重要的一个环节。

（三）能量密度

在质量一定、空间确定、面积不变的条件下，从某种能源中能够得到的能量就是能量密度。能量密度如果很小，就很难用作主要的能源。在所有的能源中，能量密度比较小的是太阳能和风能，各种常规能源的能量密度都比较大，核燃料的能量密度最大。

（四）能源的地理分布

能源的地理分布状况会影响到能源的使用。如果能源分布在地理位置比较偏远的地区，那么能源的开发、运输以及基本的建设费用都会大幅度增加。我国煤炭资源一般是分布在西北，水能资源集中在西南，工业区位于东部沿海，所以能源的地理分布对其使用非常不利，带来"北煤南运""西电东送"等诸多问题。

（五）供能的连续性

供能的连续性是指能否按需要和所需的速度连续不断地供给能量。显然，太阳能和风能就很难做到供能的连续性。太阳能白天有，夜晚无；风力则时大时小，且随季节变化大。因此常常需要有储能装置来保证供能的连续性。

（六）能源的品位

能源的品位有高低之分。例如，水能可以直接转化成为机械能和电能，这比一些先由化学能转化成热能，再由热能转化成机械能的化石燃料的品位要高。另外，热机中如果热源和冷源的温度差较大，那么整个热机的循环热效率就越高。在使用能源时，特别要防止高品位能源降级使用，并根据使用需要适当安排不同品位能源。

（七）能源的可再生性

在能源日益匮乏的今天,评价能源时不能不考虑能源的可再生性。比如太阳能、风能、水能等都可再生,而煤、石油、天然气则不能再生。在条件许可和经济上基本可行的情况下应尽可能地采用可再生能源。

（八）运输费用与损耗

能源利用中必须考虑到的一个问题就是运输费用与损耗。一些能源(如太阳能、风能、地热能)很难输送出去,但是一些能源(如煤、油等)却很容易从产地运送到用户手中。核电站的核燃料运输费用比较少,这是由于核燃料的能量密度远大于煤的能量密度,而燃煤电站的输煤就是一笔很大的费用。此外运输中的损耗也不可忽视。

（九）开发费用和利用能源的设备费用

对不同能源的开发费用是不同的,能源在使用过程中的设备费用也相差悬殊。太阳能、风能不需要任何成本就能得到,但是化石燃料的使用需要经过勘探、开采以及加工等比较复杂的过程工艺,需要大量的资金和时间投入。能源利用的设备费用与此相反,太阳能、风能以及海洋能的设备利用费用如果按照每千瓦时的设备费计算,要远高于化石燃料的设备费。核电站的核燃料费与燃料电站相比较低,但是其设备费用却高得多。因此在对能源进行评价时,开发费用和利用能源的设备费用是必须考虑的重要因素,并须进行经济分析和评估。

（十）对环境的影响

使用能源一定要考虑对环境的影响。对环境的污染比较大的是化石燃料,太阳能、氢能以及风能的使用过程对环境几乎没

有任何污染。因此,在进行能源的使用过程中,要尽量采取各种
措施,防止能源对环境造成污染。

第二节　世界能源的基本状况

一、能源资源及其供应

在人类所使用的众多的能源中,非再生能源占主要的部分。
如煤炭、石油、天然气等,这在能源总消费量中占到 90%,可再生
能源(如水力、植物燃料等)只占有 10%。太阳能是世界上能源储
量占比最大的能源,占据可再生能源的 99%,其他能源的总量之
和(水能、风能、地热能、生物能)加起来甚至不到能源总量的 1%。
非再生能源主要是利用海水中的氘资源产生的人造太阳能,这在
整个非再生能源中几乎占据 100%,煤炭、石油、天然气总量加起
来也不到千万分之一。因此,在人类所使用的所有能源中,太阳
能是最主要的来源,是人类永恒发展的能源保证。

但是,世界能源资源的分布是不均衡的。56.8% 的石油分布
在中东地区;54.6% 的天然气分布在欧洲,45% 的煤炭分布在欧
洲。18% 的煤炭集中在亚洲大洋,而石油和天然气的储量都只有
5% 多一点。正是这种能源资源分布的不均衡造成了世界范围内
的政治问题,导致了现在的经济格局。

未来十几年中全球能源生产发展非常迅速。图 1-1 为 2020
年前世界一次能源供应量预测。图 1-2 为 2010 年和 2020 年世界
一次能源供应量的构成预测。图 1-3 为 2020 年前世界一次能源
供应量的地区分布预测。图 1-4 为 2010 年世界一次能源供应量
的地区分布预测及 2020 年预测。

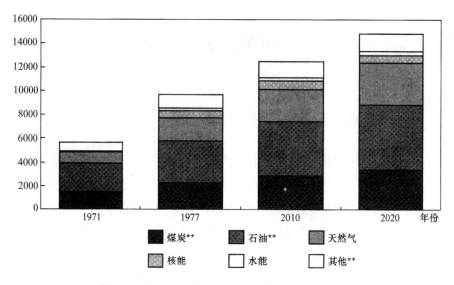

图 1-1　2020 年前世界一次能源供应量预测

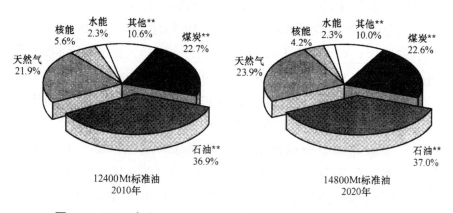

图 1-2　2010 年和 2020 年世界一次能源供应量的构成预测

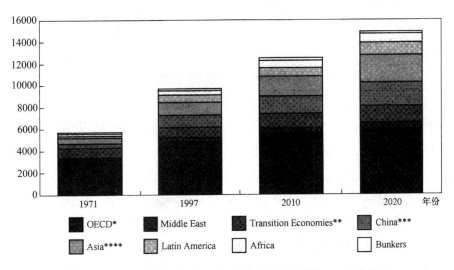

图 1-3　2020 年前世界一次能源供应量的地区分布预测

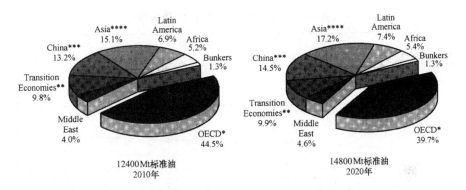

图 1-4　2010 年世界一次能源供应量的地区分布预测及 2020 年预测

上述 4 图中能源总产量以百万吨标准油计,OECD 为世界经济合作组织的缩写。 * 不包括墨西哥、波兰和韩国;** 包括苏联和非 OECD 欧洲国家;*** 包括香港;**** 不包括中国。

从上述 4 图中可以看出:

(1)世界经济合作组织一直是世界能源的主要供应者,2020年仍占世界能源供应总量的 39.7%。

(2)中国能源工业将有很大的发展,从 1971 年占世界能源供应总量的 7.0% 左右增至 2020 年的 14.5%。

（3）未来十几年中世界的能源消费仍以石油为主,世界原油消费量仍占能源消费总量的 40% 左右,但消费地区分布却很不均衡。

我国能源生产在近 50 年来也取得了长足的进步,表 1-1 给出了我国能源生产总量的构成及其变化,从表中看出,2006 年我国能源生产总量比 1978 年增加了 2.5 倍,但我国能源以煤为主的格局仍旧没有改变,依然占能源生产总量约 70%。我国钢及能源产品产量居世界位次。从 1995 年开始我国煤炭产量已居世界第一,发电量居世界第二,原油产量为世界第五左右。我国人口众多,除煤炭外我国人均能源的生产和消费量仍旧很低。与此同时,我国的能源转化效率也在稳步提高,20 世纪末,我国颁布了节约能源法后能源的加工转换效率已经逐渐开始提高,但是仍然低于发达国家的水平。

表 1-1　我国能源生产总量及构成

年份	能源生产总量（万吨）	占能源生产总量的比重			
		原煤	原油	天然气	水电、核电、风电
1978	62770	70.3	23.7	2.9	3.1
1980	63735	69.4	23.8	3.0	3.8
1985	85546	72.8	20.9	2.0	4.3
1990	103922	74.2	19.0	2.0	4.8
1991	104844	74.1	19.2	2.0	4.7
1992	107256	74.3	18.9	2.0	4.8
1993	111059	74.0	18.7	2.0	5.3
1994	118729	74.6	17.6	1.9	5.9
1995	129034	75.3	16.6	1.9	6.2
1996	132616	75.2	17.0	2.0	5.8
1997	132410	74.1	17.3	2.1	6.5
1998	124250	71.9	18.5	2.5	7.1
1999	125935	72.6	18.2	2.7	6.6

续表

年份	能源生产总量（万吨）	占能源生产总量的比重			
		原煤	原油	天然气	水电、核电、风电
2000	128978	72.0	18.1	2.8	7.2
2001	137445	71.8	17.0	2.9	8.2
2002	143810	72.3	16.6	3.0	8.1
2003	163842	75.1	14.8	2.8	7.3
2004	187341	76.0	13.4	2.9	7.7
2005	205876	76.5	12.6	3.2	7.7
2006	221056	76.7	11.9	3.5	7.9

我国能源消费结构以煤为主，而发达国家则更多地采用油、气、水力等优质能源。大量燃用煤炭不但能源利用效率低，而且给环境带来极大的污染，这也正是我国能源面临压力的主要原因之一。

二、能源需求预测

国内外许多家能源咨询机构都对未来能源的需求进行了预测。世界能源大会还对能源的发展方案做出了详细的预测，按照高、中、低三个方案进行发展，这三个方案分别是经济高速增长方案、中等增长方案以及受生态限制的增长方案。

（1）截至 2050 年，世界人口将增至 101 亿，按照这三个方案的方向预测，世界生产总值将分别达到：①101.5 万亿美元，②72.8 万亿美元，③75.0 万亿美元。由能源技术的改进导致的能源消费强度的变化将会每年为：①1.0％，②−0.7％，③−1.4％。

（2）世界一次能源的需要，截至 2050 年，也将增至：①248 亿吨，②196 亿吨，③142 亿吨。

（3）预测到 2050 年，一次能源的总量按照这三种发展方案将达到：①248 亿吨，②196 亿吨，③142 亿吨，OECD 的能源占比分别为 27.0％、28.6％、21.1％。

(4)截至 2050 年,世界电力消费将增至 1990 年的 3 倍,发展中国家的平均年增长率将会达到 3％左右。

根据国际能源机构(IEA)的预测,2010 年全世界原油产量将达到 44.2 亿吨,而同期原油消费量将达到 44.74 亿吨,供需基本平衡。表 1-2 为国际能源机构(IEA)对 2020 年各类能源需求的预测。

表 1-2　2020 年各类能源需求的预测(％)

能源类别	能源资源份额	
	1997 年	2020 年
石油	40	40
天然气	22	26
煤炭	26	24
核能	7	5
可再生能源	2	3

第三节　能源发展与经济

能源在现在经济社会是一种重要的物质,它既是一种工业的血液,又是一种与我们的日常生活息息相关的基础物质。能源在整个经济发展的社会生产的过程中都发挥着十分重要的作用,其基础性和战略性地位也逐渐受到人们的广泛关注。人类社会发展的每一个重要战略时期,能源都发挥了十分重要的作用,不断推动着生产力的变革而不断引起生产技术的革命。能源与经济的发展,是相辅相成、相互制约的关系,经济的发展离不开能源的投入,能源的开发需要经济提供良好的技术与物质条件,经济的发展会带来能源的消费,能源的发展会促进经济的不断前进。

一、能源与经济关系概述

（一）经济发展带动能源消费

在经济发展的过程中，能源作为一种重要的生产要素，其作用是其他的要素完全无法取代的；在日常消费过程中，能源作为一种重要的生活资料，其效用也是无法被其他消费品所取代的。工业革命以来，世界经济和世界能源都以较快的速度保持不断增长。

生产力的不断发展，生产水平的不断提高，使人类在对能源利用的同时，也实现了技术方面的突破，进一步推动了经济的发展。18 世纪之前的能源消费，主要目的是为了生活需要，第一次工业革命给人类带来了蒸汽机，促进了能源在生产领域中的大量使用，蒸汽机中能源的大量使用，也极大提高了人类的劳动生产率，由此，资本主义的产业革命开始诞生，并且人类文明也不断向前发展。

19 世纪中期，石油资源不断发展，人类对能源的利用进入全新的时代，能源要素也开始全面进入现代的社会生产，可以说，没有能源就没有现实的生产能力。

经济发展对能源的需求主要表现在以下两个方面。

1. 经济发展对能源需求总量不断增加

经济发展阶段和产业结构一定的条件下，经济的发展水平和国民生产所耗费的能源总量是成正比的关系，随着经济增长速度的增长，生产规模的扩大，消费结构不断提升，对于能源的消耗也是会不断增加。

1991—2010 年间，我国的经济在呈现快速发展态势的同时，能源的消费总量也是不断增加的，尤其是在 2003 年和 2004 年，由于能源消费的弹性系数大于 1，这说明经济增长的速度落后于能源的消费速度，同时也说明经济的增长是以能源资源的过度消耗为代价的。

2. 经济增长对能源需求质量要求不断提高

俄裔美国著名经济学家库兹涅茨认为,现代经济增长不仅仅是一个总量问题,"如果不去理解和衡量生产结构的变化,经济增长是难以理解的"。仅仅依靠能源消费总量的增加,并不能满足经济发展的需要,经济发展的重要保障是在于能源消费结构合理与否,能源效率的高低等因素。

人类历史经历了多种时代,就目前而言,我们正在经历从石油到天然气和可再生能源的三次重大转变。每一次转变的过程,都伴随着能源技术的进步,伴随着能源效率的提高,以及能源品种的丰富。

经济的发展阶段和经济体对于能源的质量要求是成正比的,所处的阶段越高,对能源质量的要求也就越高。在经济的不断发展过程中,化石能源的消耗使用会产生大量的二氧化碳。这会导致温室效应,造成大气污染,进而造成全球的气候变暖。为此,联合国的政府间气候变化专门委员会发布报告,指出:在过去的 50 年里,全世界范围内出现了气候变暖的现象,这其中有 90% 以上的原因是由人类的活动造成的,人类在生产活动的过程中,使用煤炭、石油以及天然气等化石燃料为主,这些燃料燃烧过程中会产生一些有害的物质,对环境和空气造成影响。所以,要想实现经济增长,满足高质量的能源资源需求,就需要增加清洁的可再生能源的使用量,同时还要减少化石能源的使用量。

目前,中国对于能源的需求,不仅存在总量方面的短缺问题,还存在着能源的品种需求结构不合理,能源的整体质量不高等问题。发达国家已经实现了从煤炭到石油的过渡过程,他们也正朝着更加清洁高效的能源方向发展。但是在我国,煤炭仍然占据着十分重要的绝对的主导地位,是世界上的少数几个以煤炭为主的国家之一,我国的经济要实现可持续发展,就必须保证能源的品种多样化,并且实现能源结构的转换。

能源会制约经济的发展,这集中表现在能源供应不充足的情况下,如果出现能源供应滞后的现象,就会影响整个行业的发展状态,这会直接导致经济的萧条,导致失业率的上升。在工业化的社会,经济增长的一个较为主要的制约因素就是能源供应不足,因此,在经济发展的过程中,能源作为一个重要的影响因素其作用逐渐得到前所未有的重视。

(二)经济的发展是能源开发利用的先决条件

1. 经济发展为能源开发利用提供了坚实的技术基础

经济在得到快速发展的同时,也使得科学教育进一步向前发展,科技水平的提高,使得人类对能源科学原理的认识不断深入,对能源利用技术的认识也不断提升,能源的供应系统也逐渐有了新的能源形式,这是能源更替的主导原因。同时,对能源的开发与利用需要高素质的人才,经济的发展和教育水平的提高使得高素质人才不断出现,能源的利用效率也得到进一步的提高。

新能源与可再生能源的出现,会不断减少对化石能源的使用,新能源具有产业技术含量高,并且涉及学科多的特征,为此,只有依靠先进的科学技术才能不断将这些能源开发出来,进行合理利用。例如,一些比较大型的风力发电机组在研制的过程中,就涉及流体力学、自动控制、空气动力学等各种高新技术,同时经济的发展也会为各个领域的学科技术发展带来动力,可再生能源技术的发展也得到前所未有的机遇。

2. 经济发展为能源开发利用提供了必要的物质基础

开发出来的能源资源需要借助一定的物质手段,才能对其加以利用。工业化时代以来,由于能源资源的开发工程投资额度大,难以快速收回成本,易受各种不确定性因素的干扰,只有保证充足的财力、物力和技术水平才能完成。经济发展对能源工业的资金规模有着客观的影响,对技术的支持力度也有着比较大的决定性影响,但是经济越是发展,其对资源的开发利用规模也就越受到限制,对资源的利用程度和水平也相应受到制约。技术进步和经济发展提供了先进的物质手段,可以对能源进行更加合理的开发利用。例如,海洋能资源的开发,需要复杂的设计施工技术,需要良好的材料强度,需要庞大的装置设备,经济发展落后的社会,是不能为海洋能资源的开发利用提供必要的物质基础的。因此,能源的开发规模和利用水平都受到经济发展程度的制约。

(三)能源价格对经济影响的传递机制

当今世界能源市场中,煤炭市场由于储量丰富、区域性比较强,且基本上是本国可控的,因此其对经济的冲击比较少。而石油市场由于其高度一体化,对世界石油市场的供应来源主要集中于中东地区,短期的石油需求缺乏弹性,油价极易变化且波动幅度较高,因此研究石油价格对经济的影响就成为 20 世纪 70 年代以来经济学家们关注的重点。

1. 石油价格冲击对经济的影响

石油价格经常性的变动对宏观经济具有深刻的影响。1973—1974 年和 1979—1980 年石油价格迅速上涨,使经济陷入衰退之中,而 1986—1987 年的石油价格下跌,经济却一如往常保持稳健发展而没有出现繁荣,但 1990—1991 年海湾战争使油价上涨,经济再次陷入衰退。许多专家分析,这种油价对经济的影响,并非是单独的,很可能是与其他的因素共同作用影响经济的发展,导致经济的衰退,甚至在众多的因素当中,其他因素的影响要远大于油价上升的这一结果。还有一些理论认为,油价与经济之间的关系是确定的,但是政府的干预也有着十分重要的影响,失去政府的力量,这种关系可能会中断。20 世纪 70 年代后,油价导致的经济不稳定更可能是因为政府政策的不适当干预造成的。因此,实证地研究油价与 GDP 的关系对于制定适当的货币、财政政策和国家的能源政策具有重要的借鉴意义。

(1)1973—1974年石油价格上涨对经济的影响

Michael Darby(1982)提供了一个关于1973—1974年石油冲击对宏观经济影响的计量分析。通过对1957—1976年OECD中8国经济的季度数据进行分析,Darby不能拒绝油价造成了衰退这种假设,但他也指出,由于1973—1974年是一个特殊的时期,这并不能排除由于货币政策紧缩、布雷顿森林体系解体导致货币本位制变化以及价格管制解除对20世纪70年代出现的滞胀的作用。因此,虽然Darby得出了统计上油价与经济变化之间的关系,但他并不愿意明确指出油价是导致1974—1975年经济衰退的主要原因。

James Hamilton(1983)运用VAR方法,检验了"二战"以后包括第二次石油危机后的油价和失业的数据,发现石油价格引领了"二战"之后除1960年以外的每次经济衰退,并且得出了油价冲击可以"系统地"引发经济衰退的结论。Hamilton的模型试图预测真实GNP的季度变化,对因变量滞后4期、油价滞后4期,发现滞后期油价的系数都是负值,并且在5%的置信水平上显著。即使将货币政策指数或其他第三变量纳入模型中,也无法拒绝油价引发经济衰退这一结论。其他一些经济学家的发现也与Hamilton的研究保持一致,如McMillin和Parker(1994)将数据区间扩展到"二战"前的1924年2月,研究发展,在1929年9月到1938年6月的大萧条时期,油价冲击对工业生产的作用甚至比基础货币、M2或货币乘数更大。

但Burbidge和Harrison(1984)运用与Hamilton相似的VAR模型,对4个国家的油价—经济周期关系进行研究,数据区间为1973—1982年。他们发现各国间石油价格对工业生产的影响差别很大,但他们并没有发现货币政策、国内油价政策之间的跨国差别。即20世纪70年代中期的经济衰退即使没有1973—1974年的石油冲击也会到来,但油价冲击成为压倒骆驼的最后一根稻草。

(2)1986—1987 年油价下跌

"二战"结束以来,除了 1986 年和 1996 年,石油价格冲击基本上都是价格的上涨。在 1986—1987 年,由于此前 OPEC 成员国相互欺骗导致沙特承担减产责任引发沙特的报复而夺回市场份额,石油价格急剧下跌。按照 Hamilton 的研究结论,石油价格下跌后应该会产生经济的繁荣,但经济的表现却出人意料。

几乎同时,Gilbert 和 Mork(1986)发展了单部门宏观经济模型,引入工资向下的刚性,模型显示石油价格冲击对经济具有不对称性,正向的价格冲击将导致经济衰退,负向的价格冲击不会产生经济繁荣。而 Mork(1989)运用 VAR 模型扩展了 Hamilton 分析的数据区间到 1988 年 2 月,并将货币政策指数和其他几个控制变量引入模型中,模型发现石油价格对经济的影响解释程度不如 Hamilton 的强。将数据扩展到 1949 年 1 月—1988 年 2 月,油价变量对经济的解释变得很差,但以 1986 年 1 月为断点分开数据,模型根本不能解释任何区间的情况。当将油价变动区分为上涨和下跌后,模型又能通过检验。这证明宏观经济变动与油价的关系只在油价上涨时有效。

这种油价冲击的非对称性问题影响了后来的许多研究者,以至于在研究油价与经济关系时,其将油价上涨和下跌当作两个独立的变量成为一种标准的做法。Mork(1989)之后,将油价上涨和下跌当作独立变量的研究几乎都得出了非对称性影响的结论,虽然他们研究的样本区间、控制变量、数据的历史时期甚至是国家都各不相同。

2. 油价对经济影响的传导机制

在人们研究石油价格对经济影响作用力度的同时,油价冲击向宏观经济影响的作用机制也引起人们的兴趣,并取得了大量的研究成果。这些研究成果既包括经济学理论上的模型设计情景模拟,又有实证检验分析。

（1）理论模型

Rotemberg 和 Woodford（1996）和 Finn（2000）设计了模型，试图在模拟中再现实证检验中石油价格冲击对经济发展的影响力度。实证检验中 10% 的石油价格冲击会导致产出在 5～6 个季度后 2.5% 的下降，但 Rotemberg 和 Woodford 的单部门宏观模型模拟研究发现，在完全竞争的情况下，10% 的油价冲击只会导致产生 0.5% 的下降；而实证检验中真实工资下降的幅度要比模型中模拟下降多，这表明黏性工资的劳动力供给可能不是产出出现如此大幅度下降的原因。

于是 Rotemberg 和 Woodford 修正模型，加入经济体系的生产商联合串谋，认为联合串谋使得产品价格超出完全竞争的水平。当出现油价冲击时，生产商会进一步提高价格弥补成本，压缩产出。但联合串谋的假定无法解释完全竞争的模型与实际产出 5 倍的产出下降差额。Finn（2000）运用了模型假定生产资本具有不同的利用率，该利用率为能源使用的函数。石油价格冲击将导致能源使用和资本使用率的下降。能源使用的下降主要是通过传统的典型公司的生产函数、减少产出、提高资本的生产边际生产率并降低劳动力的边际生产率来实现，劳动边际生产率的下降导致工资水平下降和劳动力供给的减少。于是永久性的石油价格的上升意味着低的能源使用量、资本利用率和劳动供给，并相应导致了当前和未来投资与资本存量的减少。

用理论模型来研究能源价格冲击对经济影响的传导机制证明，分析的重点必须超出充分就业和完全竞争的总供需模型假定。实际上油价影响经济的作用更多的是通过资本再配置、投资计划修正和劳动力市场分配等渠道来实现的。

（2）劳动力市场及资源再配置

Davis 和 Haltiwanger（2001）利用基于工厂水平从 1972 年第二季度到 1988 年第四季度的季度就业、人均资本量、能源使用、年龄及工厂规模和产品耐用性等角度，利用向量自回归检验了油价上升和下降对创造就业和失业的影响。他们发现，在几乎每一个工业部门,石油价格和货币冲击造成的失业作用要比创造就业的作用大得多,但石油价格冲击的影响力度几乎是货币政策的两倍,并且存在严重的不对称性,正向石油价格冲击力度是负向石油价格冲击力度的 10 倍以上。而且 Davis 和 Haltiwanger 还发现石油冲击的资源再配置效用明显,在 1973 年下半年的情景下产生的劳动再配置在接下来的 15 季度内相当于制造业总就业水平的11%。

Keane 和 Prasad(1996)利用国家纵向调查的数据对 1966—1981 年的观测值进行了研究。他们使用的油价是提炼的石油产品前 12 个月移动平均的真实价格。研究发现,石油价格上涨将全面压低真实工资水平,但却提高了熟练工人的相对工资水平,当石油产品的价格偏离趋势 1 个标准差(1996)时,导致真实工资在长期3%～4%的下降。石油价格对就业短期的效应为负的,但在长期却是正的。油价冲击还造成了工业部门内部行业间的就业比例和相对工资变动。因为油价冲击使得一些不熟练的工人被解雇,从而他们不得不到不需要技术的行业来找工作。而且有证据表明,油价冲击对于不同工作经验和工作时间的人具有不同的影响,油价上涨后,熟练工人的工作机会上升,意味着熟练工人在生产函数中具有对能源的替代作用;而且具有较长工作经验的劳动力在油价上升时更有可能面临失业的威胁,这可能是由于年龄的因素而非人力资本的因素所致。Keane 和 Prasad 认为,熟练工人在 20 世纪 70 年代的工资溢价与持续的真实油价上升有关。

Carruth、Hooker 和 Oswald(1998)运用误差修正模型,以工资效率模型为基础,在生产函数中将劳动、资本和能源作为投入要素,发现油价的上升将会侵蚀公司的利润边际,为实现新的均衡,其他的投入要素必须做出调整,公司可以通过降低雇佣人数来实现。于是油价上涨将导致失业率的上升。他们对油价的假定是使用对称的油价,即不将油价区分为上涨和下降。结果发现,油价的显著性非常高,而利率的作用无法通过传统的检验标准。

（3）总产出渠道与资源配置渠道

Lee 和 Ni（2002）将宏观经济和工业部门特定的均衡方程在 VAR 方法中进行研究，并用 1973—1974 年和 1979—1980 年的商业杂志分析弥补统计数据的不足。结果显示，能源密集型的产业在油价冲击时倾向于受到供给冲击，而非能源密集型产业倾向于受到需求冲击。14 个工业部门的脉冲响应函数显示相关性很强，无法证明 Lilien（1982）和 Hamilton（1988）所证明的资源再配置作用。但 Jones、Leiby 和 Paik（2003）证明，在允许一个标准差置信区间的情况下，不同行业脉冲响应函数在发生的时间、规模和作用的方向上都存在不同，因此无法否认资源再配置作用，而且 Lee 和 Ni 也承认他们的模型无法显示行业间的再配置作用。

（4）利率渠道机制

另外也有一些学者的分析涉及利率因素，建议将利率作为油价影响 GNP 的渠道（Ferderer，1996；Hooker，1996、1999）。Balke、Brown 和 Yucel（2002）的分析更为透彻，他们分析了货币政策对油价上涨可能做出的反应，但不认为货币政策会对油价下跌做出反应，虽然货币政策的这种反应会在相当程度上抵消油价上升的冲击。

脉冲响应函数证明短期利率对于油价的正向冲击和负向冲击具有强烈的不对称反应，而且长期利率也会对油价冲击存在温和的非对称反应。汉密尔顿的净石油价格增长（NOPI）对联邦基金利率和短期的利率影响是相当大的，并且对长期边际利率也有较明显的影响。利率和联邦金利率在 GDP 的决定方程中具有重要的影响。Balke、Brown 和 Yucel 认为，Bernanke 和 Gertler 的金融加速器（Financial Accelerator）机制会在联储改变利率时起到更为重要的作用，因为这在金融市场上将产生"向品质靠拢"的作用，即银行信贷更多地投向财务状况好的企业。金融加速器模型并没有体现出非对称性结构，但联邦储备银行的利率调整原则却隐含着对油价上涨的不对称反应。Balke、Brown 和 Yucel 检验了油价上涨对 4 个月和 6 个月的商业票据和 6 个月和 1 年期的政府债券之间的利差,结果发现油价冲击对利率的不对称影响非常显著。

(5)石油产品市场机制

能源经济学家们早已注意到石油产品价格对原油价格变动的非对称性,人们发现石油产品价格变动相对于石油价格上升的速度要比石油价格下降时的速度要快。石油产品价格对油价的这种不对称关系与石油价格 GDP 的关系不同。原油—石油产品的关系是,不对称性体现在调整速度上,而在石油价格 GDP 的关系中,不对称性体现在反应程度的不同。Hungtington(1998)利用 1949—1993 年数据发现,其他能源价格和 GDP 对石油产品价格变动的反应是对称的,而石油产品价格变动对石油价格变动的反应是不对称的。

这些传导机制方面的研究,也只是给出了石油价格冲击影响宏观经济作用渠道的一个模糊的轮廓。由于石油价格对经济影响范围广而且机制复杂,有时要准确地说明哪种作用渠道是主要的比较困难。而且油价与 GDP 的关系并不因为非对称性而复杂,更引人注目的是石油价格对经济影响的作用力度在不断减退。

3. 油价对经济影响的作用减退

有许多证据表明,能源价格—经济的关系随着时间的推移会发生根本性的变动。在 1973 年之前,石油价格受到控制并处于低水平上,1973 年之后,价格处于高的水平上,价格控制放开并且即期市场代替长期合同市场;原油和石油产品的远期和期货市场在 20 世纪 80 年代相继开始运行。这些因素连同其他因素,共同导致石油价格的大幅度波动。

Hamilton(1983)发现油价与 GNP 之间的关系在 1972 年第四季度—1973 年第一季度出现断点,Gisser 和 Goodwin(1986)也发现了同样的问题。Mork(1989)扩展了 Hamilton(1983)的样本范围到 1988 年第二季度,发现 GDP 对油价反应的系数接近于零,只是在边际意义上显著。Hooker(1996)对油价—GNP 的关系进行细究,发现不但在 1973 年出现了断点,而且在 1973 年后,油价失去了其对 GNP 的决定性因果作用。并且 Mork(1989)的研究发现,运用独立的变量来研究油价与 GNP 的关系,已经找不到 1948—1973 年间油价与经济增长之间的微弱关系。总体而言,Hooker 发现支持非对称性反应的结果对于后来的数据不再显著,即油价与 GDP 的基础性关系出现了变化。

二、能源经济的理论基础

任何一门学科的形成和发展都是根据一定的理论基础,运用一定的研究方法实现的。能源经济学是以能源为研究对象,以经济学理论和方法为基础的一门学科,涉及政治、经济、社会、生态环境,有很强的应用性。根据能源经济学研究的内容和方法,其理论基础包括以下几个方面。

(一)商品经济理论

能源是人类赖以生存和进行生产的重要物质基础,作为一种特殊的商品,能源资源的特点体现在资源有限性与需求无限性的矛盾中,正因为这种稀缺性,节约才成为必要,才产生了如何有效配置和利用能源资源这个问题。从政治经济学视角来看,能源商品不仅具有使用价值,而且具有使用价值的社会属性。在市场经济条件下,价值规律是经济发展的"第一推动力",能源因其具有商品使用价值而对资源配置起到基础性作用,使人类能够在市场机制作用下协调价值、供求与价格的关系,使有限的能源资源得到最优配置,提高生产效率,减少不必要的浪费和低效率,充分体现商品使用价值的社会属性。

(二)经济增长理论

经济增长理论是研究经济增长规律和制约因素的理论。能源是经济的命脉,人类社会对能源的需求,首先表现为经济增长对能源的需求。经济增长在对能源总量需求增长的同时,也日益扩展到其对能源产品品种或结构的需求。高质量的能源产品是提高能源利用率及其经济效益的重要前提。在经济增长的不同阶段,能源消费的变化遵循某些规律,无论是工业化社会还是后工业化社会,经济总量增长持续依赖总能耗的增长,这是一个基本规律。

经济的增长受到能源的制约,主要体现在三个方面:一是能源资源环境的约束,即作为一国经济增长动力的能源资源所具有的承受能力和环境对由此产生的污染的承载能力;二是能源科技水平与管理能力的约束,即能源科技水平与管理能力直接制约能源的供给能力和能源使用效率的提高,也对污染物减排具有重要作用;三是观念的约束,即经济增长、能源优化使用、环境污染治理三者间如何协调发展,人类在观念上的转变受到社会发展状况、经济增长阶段、文化教育程度以及法制意识等诸多因素的制约。

(三)社会再生产理论

马克思的社会再生产理论强调总量均衡和结构均衡的重要性,指出在社会再生产条件下,市场经济中的各个部门都是相互制约、相互促进的,因此必须按照比例协调发展。马克思的社会再生产理论从社会总产品的实物构成入手,把社会产品分为生产资料和生活资料两大类,因而社会生产部门相应地也分为两大部类,即生产资料部类和生活资料部类;从社会总产品的价值构成入手,把社会产品分为三个部分,即不变资本、可变资本和剩余价值。能源商品生产和消费的总量均衡体现了社会总产品的实物替换与价值补偿的实现问题,即马克思的社会再生产理论所阐明的是宏观经济均衡问题。具体而言,就是要保证生产资料的部类和生产生活资料的部类满足一定的比例关系,要求社会总供给必须等于社会总需求。能源平衡表和能源投入产出表就是马克思的再生产理论两大部类即实物平衡和价值平衡的具体体现。

(四)数量经济学理论

数量经济学的研究对象是经济数量关系及其变化规律。通过经济数学模型来研究经济数量关系,是数量经济学的特征。数量经济学在经济科学体系中的地位,相当于数学在所有科学中的地位,它以特有的经济数学模型方法专门研究经济数量关系,为其他经济学科的深化提供了一般的分析方法和方法论。在这个意义上,数量经济学作为一门方法论学科对于能源经济学研究具有重要意义。数量经济学中的经济数学模型方法,可以应用于能源经济系统分析(包括能源生产、交换和流通、分配、消费过程的经济子系统)、能源—经济计量分析、投入产出分析、费用效益分析、最优规划分析等。能源经济系统分析对制定能源政策具有参考作用,能源—经济计量分析、投入产出分析等其他经济数量分析方法对已制定的经济政策具有评价作用。

(五)循环经济理论

根据物质不灭定律,自然界的物质可以循环往复利用,能量可以梯级使用。因此,力求有效保护自然资源、维护生态平衡、减少环境污染,即作为循环经济基石的"资源节约"和"环境友好"对能源经济学研究视角的拓宽、研究内容的丰富和深化具有重要作用。"资源节约"表明在能源资源稀缺性越发突出的背景下能源资源有效利用的重要性,"环境友好"则体现出人类在传统工业化发展进程中,对于环境污染治理从"末端治理"到"管端防治"方式的转变,是人与自然和谐共处的新境界。循环经济理念使人类在生产活动中更加注重企业内部生产工艺和流程的循环体系,更加注重各产业链上能源资源消耗时的节能减排,循环经济运行模式是能源资源开发、加工转换与运输,能源投资,化石能源的清洁利用以及可再生能源开发的重要指导思想。

三、能源经济的新发展

(一)能源安全与能源战略

国际能源的分布地域受到政治因素的影响,并且国际原油价格的波动也不断影响着石油贸易的安全,给能源进口国的能源安全带来了不利影响。对于能源安全的研究,主要集中在能源的供应安全预警以及国际能源的安全政策上。

能源与经济之间的复杂关系,使得各个国家,尤其是对国际能源市场依赖性比较大的能源进口国对能源安全的重视程度日渐提高。他们采取一系列措施,不断促进本国能源产业的健康发展。如通过创新能源的投资融资机制以及建立必要的能源储备,不断推进能源管理的工作。

(二)能源市场风险

能源经济学关注的对象是能源的价格以及能源市场,但是自从 20 世纪 70 年代之后,西方发达国家开始了重新争夺石油定价的权力,石油危机使他们成为发达工业国家的需求更加迫切。石油美元的计价机制形成,一系列的能源金融产品逐渐问世,在国际能源署的指导下,能源战略的储备计划也逐渐形成。这一系列的行为,导致国际能源市场的格局发生巨大的变化,能源市场也越来越复杂,当前能源市场研究的热点就是能源的价格波动特征、能源的市场风险监测以及能源的价格机制。在当前的经济背景下,能源市场方面的研究重点是能源的价格机制与价格预测,能源金融与能源市场风险管理等,对能源市场的风险进行系统研究,不仅对能源市场的风险管理有十分重要的影响,同时对全球的经济持续健康发展也具有十分重要的意义。

(三)能源技术政策

能源技术在经济、能源以及环境的可持续协调发展中将发挥重要的核心作用。对能源的技术变迁加以充分理解，能源战略与政策的制定者才能制定出良好的政策。能源技术的不断发展，需要科学合理的能源技术政策的支持，在环境资源不断限制经济发展，化石能源不断制约经济形势的背景下，能源技术的可再生、清洁和系统化发展都需要技术政策的支持。

（四）气候变化与碳减排

全球气候变化和环境变化涉及不同层次范围和时间尺度，是典型的复杂科学问题。重点研究内容包括碳排放问题、气候变化情景分析、气候政策设计与模拟、碳捕获与封存、能源—环境健康、气候变化与环境变化的影响及易损性等。全球气候变化问题的国际政治生态和舆论环境业已形成，全球和区域气候政策也将成为能源经济学的重要研究对象。

总之，经济学研究从最初的单纯追求经济产出的增长，到经济结构的优化和经济质量的提高，再到可持续发展已成为共识，在整个发展过程中都贯穿有能源消费与经济发展之间关系的探讨。能源消费和经济发展关系的认识是一个不断深化和完善的过程。伴随着能源消费和经济发展矛盾的日益突出，有关两者之间关系的探究还将持续受到广泛关注。

第二章　能源需求的结构变动与预测

能源需求指消费者在各种可能的价格下,对能源资源愿意并且能够购买的数量。与一般产品的需求一样,能源需求必需满足:(1)有购买的欲望;(2)有购买的能力,缺少任何一点都不会产生有效的需求,进而在市场上形成实际的购买力。

第一节　能源需求的影响要素与研究方法

一、能源需求的影响要素

能源是整个世界发展和经济增长最基本的驱动力,是人类赖以生存的物质基础。作为维持整个世界不断前行的动力,能源几乎与各行各业都有非常紧密的关系。因此,决定能源需求的因素非常复杂。从宏观上来看,决定能源需求的因素主要包括经济增长、能源价格、产业结构、社会发展及能源技术和管理状况。

(一)经济增长

经济增长涵盖了社会发展的多个方面,因此对能源需求的影响也最大。经济增长及其对生活标准的影响,是促进能源需求增长的主要动力。经验研究证明,经济增长与能源需求之间存在着显著且稳定的正相关关系,如图 2-1 所示,从 1990 年到 2011 年,我国国内生产总值和能源消费都经历了一个快速上升的过程。我国国内生产总值由 1990 年的 18718.3 亿元增长到 2011 年的 472115.0 亿元,而能源消费也从 1990 年的 98703 万吨标准煤增长到 2011 年的 348002 万吨标准煤。

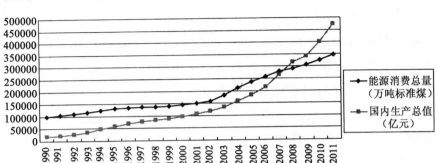

图 2-1　我国能源消费与国内生产总值

注:数据来自 2012 年《中国统计年鉴》

不同国家和同一国家不同经济发展阶段,经济增长对能源需求的影响也不同。为进一步寻求能源需求与经济增长的定量关系。自 20 世纪 70 年代开始,国内外学者对能源需求与经济增长的关系进行了大量的实证研究。大部分结果认为两者之间存在长期的协整关系,但是至于能源需求是经济增长的格兰杰原因还是经济增长是能源需求的格兰杰原因,至今还没有达成一致,也没有给出一个合理的解释。

(二)能源价格

能源是与人们的生活相关的。价格将能源与其他商品联系起来,通过综合比较人们确定了能源需求的数量。一般来说,能源的价格越高,人们寻找能源替代消费品的动机越大,能源的需求数量也就逐渐下降。能源的价格越低,人们寻找能源需求的动机越小,能源需求总量也就越大。除了对能源需求总量产生影响外,能源价格波动还会对单位产出能耗产生影响。例如,能源价格上升引致众多高耗能产业的成本大幅度上涨,而为节约成本,这些产业将会促进节能设备的研发和投入使用,因此单位产值的能耗量将不断下降。能源价格的上涨,也会促使消费者消费组合的改变,选择更加节能的产品,减少对能源的需求,而生产者也会选择用资本代替能源,从而也会减少对能源的需求。但是,能源价格对能源需求的影响往往表现出滞后性。例如,经历了 1973—1974 年和 1978—1979 年两次大的石油危机后,石油价格由最初的每桶 3～4 美元飞涨到每桶 30 多美元,此后能源需求一直走低,直到 1986 年,能源需求降到了历史最低点。

如果价格没有扭曲,价格对于需求的调节作用就是有经济效率的。然而,能源与其他商品相比有以下几个显著特点。

第一,能源利用(化石能源)会产生污染物排放,导致环境外部性问题。

第二,能源资源是不可再生的,能源利用产生资源耗竭问题,因此本代人如果过度使用能源,低效使用能源将会影响后代人的能源使用,降低其福利水平,这是代际公平问题。

第三,与这两个外部性问题相关的,分别是环境成本和资源耗竭成本。如果能源价格包含了这些外部因素,竞争性定价机制将是能源资源优化配置的最有效途径。但是,大部分情况下能源商品价格中并不考虑外部性问题。

第四,与其他商品市场相比,在能源领域垄断更为常见,市场失灵也极为常见;能源价格的政府干预也很常见。上述几点特征,都会使得能源价格对能源消费的作用机制发生扭曲,这也是在研究能源价格和能源需求之间的关系时需要考虑的因素。

(三)产业结构

能源需求包括生产能源需求和生活能源需求,生产能源需求占能源需求的主要部分。按产业结构划分,生产能源需求可分为第一产业能源需求、第二产业能源需求和第三产业能源需求。三次产业的能源需求不同,主要是因为三次产业单位产值能耗存在较大差别。一般而言,第二产业单位产值的耗能最高,而第三产业单位产值耗能最低。例如,根据我国 2009 年第一季度的数据测算,第二产业单位产值的耗电量是第一产业的 4.7 倍,是第三产业的 5.5 倍。如果 GDP 生产结构中第二产业的占比大,那么

GDP 的增长就需要投入更多的能源,单位产值的耗能就会高。相反,如果 GDP 生产结构中第二产业的占比小,则单位产值的能耗就会少。在现有能源利用技术不变的情况下,经济产业结构的状况决定了能源需求所产生的经济价值。无论是长期或者短期,经济产业结构的状况都会影响到能源需求的结构。

(四)社会发展

人口是社会系统中最基本的因素。人口增长与能源消费增长密切相关。人口增长对于能源消费的作用可以从人口增长对能源消费的直接作用和间接作用两个方面来考察。一方面,人口增长将直接拉动生活能源消费量的增长,如对出行、照明、取暖等燃料和电力需求的增长。另一方面,人口增长会通过推动经济增长间接拉动能源消费的增长,如人们对汽车、衣服和食品的需求,间接派生出对生产这些产品的能源需求。在其他影响因素基本稳定的情况下,人口规模增长必然将加快生活能源消费的增长。如图 2-2 所示,我国人口数逐年递增,从 1990 年的 114333 万人增长到 2010 年的 134091 万人。同时,我国生活能源消费也在逐年递增,从 1990 年的 15799 万吨标准煤上升到 2010 年的 34558 万吨标准煤,两组数据的相关系数为 0.85。

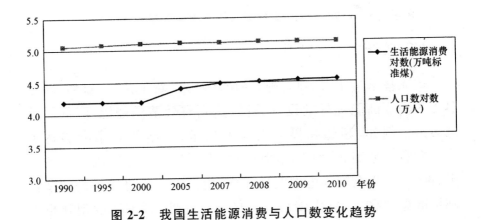

图 2-2　我国生活能源消费与人口数变化趋势

人口结构及生活水平也是影响能源消费水平的一个重要因

素。传统的农村居民消费中,家庭能源消费的主体是可再生能源,并不纳入国家能源统计系统。在城市化以后,农村居民转化成为城市居民。可再生的农林薪柴对于城市居民就成为不可能获得的,能源需求转向了可以统计的煤炭、电力、天然气和石油。这些人的能源需求在统计数字上一下子就迅速涨起来。因此,随着城市化进程的推进,能源消费随着社会结构的改革也在逐年递增。如图 2-3 所示,我国人均生活能源消费表现出明显的上升趋势,尤其是最近几年,人均生活能源消费从 2001 年的 127.2 千克标准煤上升到 2010 年的 258.3 千克标准煤,短短 10 年间,人均生活能源消费上涨了 103%。

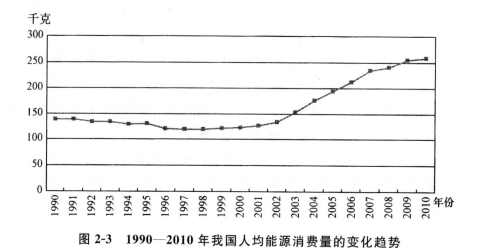

图 2-3　1990—2010 年我国人均能源消费量的变化趋势

(五)能源技术与管理

依靠技术进步,加强管理,采用新技术、新工艺、新材料、新设备逐步淘汰高能耗低效设备,可以达到有效节约能源、降低需求的效果。例如,超超临界火力发电技术,机组热效率能够达到45%左右。据测算,如果我国燃煤发电厂热效率都达到45%的水平,按 2006 年全国火电发电量计算,相当于全年可以少烧约 2 亿吨标准煤,减少二氧化碳约 5.4 亿吨。此外,管理制度创新也可以达到节约能源的目的。例如,一种基于市场的、全新的节能项目的合同能源管理机制。能源管理的方法虽然不是一种技术,但是从意识上逐渐消除能源浪费同样能够实现节能的目标。有资料统计,欧美一些国家的能源消费情况说明了能源管理节能办法能够有效实现节能约 5%～40%,有最高项目可达 50%。

二、能源需求的研究方法

(一)基于生产函数的要素投入法

长期以来,人们将经济增长归因于劳动、资本、土地、企业家能力和技术的进步等因素。能源虽然是生产过程中所必需的,但由于当时能源的供应似乎是无限的,并没有人将其纳入经济学研究的领域。近年来,随着能源供应的日益紧缺,能源对经济增长的影响也越来越重要,其经济研究的意义也越来越突出。因此,国内外学者创造性地将能源作为重要的生产要素加入到生产函数之中,如下式所示。

$$Y_t = f(K_t, LH_t, E_t) \tag{2.1}$$

其中,Y 表示实际 GDP,K 表示实际资本存量,L 是总就业人数,LH 表示人力资本存量(劳动要素),E 表示能源消费总量。

将这一公式对数化简化以后该式变为:

$$\ln(Y_t) = \alpha_1 \ln(K_t) + \alpha_2 \ln(LH_t) + \alpha_3 \ln(E_t) \tag{2.2}$$

(二)向量自回归(VAR)方法

正如前文所述,能源消费与经济增长之间存在紧密关系。能源作为重要的生产要素,是经济增长的主要驱动力,而同时经济增长又是影响能源消费的主要因素。因此简单的单方程估计必然存在内生性问题。为了解决相互影响的变量之间的内生性问题,学者们开始采用 VAR 方法。

VAR 方法本质上是一种统计方法,它把系统中每一个内生变量作为系统中所有内生变量的滞后值的函数来构造,从而将单变量自回归模型推广到由多元时间序列变量组成的“向量”自回归模型之中,用矩阵可以表示为:

$$\begin{pmatrix} y_{1t} \\ y_{2t} \\ \cdots \\ y_{kt} \end{pmatrix} = \Phi_1 \begin{pmatrix} y_{1t-1} \\ y_{2t-1} \\ \cdots \\ y_{kt-1} \end{pmatrix} + \Phi_2 \begin{pmatrix} y_{1t-2} \\ y_{2t-2} \\ \cdots \\ y_{kt-2} \end{pmatrix} + \cdots + \varphi_1 \begin{pmatrix} x_{1t} \\ x_{2t} \\ \cdots \\ x_{kt} \end{pmatrix} + \begin{pmatrix} \varepsilon_{1t} \\ \varepsilon_{2t} \\ \cdots \\ \varepsilon_{kt} \end{pmatrix} \quad (2.3)$$

其中，y_t 表示 k 维内生变量向量，x_t 表示 d 维外生变量向量，Φ 表示 P 组 $k \times k$ 维系数矩阵，ε_t 表示滞后阶数，φ 表示 $k \times d$ 维系数矩阵。

在处理多个相关经济指标的分析与预测时，VAR 模型是最容易操作的模型之一。而且在一定条件下，多元 MA 模型和 ARMA 模型也可转化成 VAR 模型。因此近年来 VAR 模型受到经济工作者越来越多的重视。

（三）Granger 因果关系检验

Granger 因果关系检验是 VAR 模型的一个重要应用，由 Granger(1969)提出，用于分析经济时间序列变量之间的因果关系。一个变量 X 在 Granger 意义下对另一个变量 Y 有因果关系是指增加了 X 的过去信息预测 Y 比不增加时预测得更好。用更正式的数学语言来描述 Granger 因果关系是：如果关于所有的 $s > 0$，基于 $(y_t, y_{t-1}, \cdots)$ 预测 y_{t+s}，得到的均方误差，与基于 $(y_t, y_{t-1}, \cdots)$ 和 $(x_t, x_{t-1}, \cdots)$ 两者得到的 y_{t+s} 的均误差相同，则 Y 不是由 X Granger 引起的，相反若后者的均误差较前者有显著减少，则 Y 是由 X Granger 引起的。

Granger 因果关系检验实质上是检验一个变量的滞后变量是否可以引入到其他变量的方程中，一个变量如果受到其他变量的滞后影响，则称它们具有 Granger 因果关系。例如，利用二元 P 阶 VAR 模型的 Granger 因果关系检验，则可表示为：

$$\begin{cases} y_t = \alpha_{10} + \beta_{11} y_{t-1} + \beta_{12} y_{t-2} + \lambda_{11} x_{t-1} + \lambda_{12} x_{t-2} + \cdots \\ \qquad + \beta_{1p} y_{t-p} + \lambda_{1p} x_{t-p} + \varepsilon_{1t} \\ x_t = \alpha_{20} + \beta_{21} y_{t-1} + \beta_{22} y_{t-2} + \lambda_{21} x_{t-1} + \lambda_{22} x_{t-2} + \cdots \\ \qquad + \beta_{2p} y_{t-p} + \lambda_{2p} x_{t-p} + \varepsilon_{2t} \end{cases} \quad (2.4)$$

当 λ_{1p} 对于所有 P 全部为 0 时，变量 x 不能引起 y 的变化，即变量 x 外生于变量 y。因此判断 Granger 原因的直接方法是利用 F 检验：

$H_0 : \lambda_{1p} = 0$，对于所有的 P

H_1 : 至少存在一个 P 使得 $\lambda_{1p} \neq 0$

其统计量为：

$$S_1 = \frac{\dfrac{(RSS_0 - RSS_1)}{P}}{\dfrac{RSS_1}{(T-2P-1)}} \sim F(P, T-2P-1) \qquad (2.5)$$

其中，RSS_0 为 Y 方程的残差平方和，RSS_1 为不含 X 的滞后变量方程的残差平方和。如果 S_1 大于 F 检验的临界值，则拒绝原假设，否则不拒绝原假设。

从学者们实证研究的结果可以发现，在长期来，中国总体的能源消费与经济增长之间存在双向的因果关系，东部地区主要是能源消费增长推动 GDP 增长，而中西部地区则是 GDP 增长推动能源消费增长；在短期内，中国总体以及东、西部地区的能源消费与 GDP 增长之间不存在明显变量关系，而中部地区则存在能源消费与 GDP 增长之间的双向变量关系。学者们并没有给出关于四个方面研究存在差异的原因分析。

（四）平稳性检验协整检验

传统的 VAR 理论要求模型中的每一个变量都是平稳的，对于非平稳时间序列需要经过差分，得到平稳序列后再建立 VAR 模型，而这样通常会损失水平序列所包含的信息。但是随着协整理论的发展，对于非平稳时间序列，也可以直接建立 VAR 模型，或者建立向量误差修正模型，前提是各变量之间存在协整关系。因此在建立 VAR 模型前，首先要检验变量的平稳性。若变量为平稳序列，则可以建立 VAR 模型。但如果变量为非平稳序列，则需检验变量之间是否存在协整关系。若变量之间存在协整关系，则可以建立相应的 VAR 模型，但若变量之间不存在协整关系，则需要经过差分,得到平稳序列后再建立 VAR 模型。

由于大多数经济数据都是非平稳的,因此在建立 VAR 模型时,我们首先要检验时间序列数据的平稳性。检验时间序列平稳性的标准方法是单位根检验。若时间序列包含一个单位根,则该时间序列则为非平稳序列,如下式所示:

$$Y_t = \rho Y_{t-1} + \mu_t \tag{2.6}$$

其中,μ_t 表示白噪声序列,为平稳序列。如果 $\rho=1$,则称随机变量 Y_t 有一个单位根,则 Y_t 为非平稳序列。因此,要判断某时间序列是否是平稳的,可以通过判断上式是否存在单位根。这就是时间序列的单位根检验。单位根检验的方法有很多,这里主要讨论 DF 检验。DF 检验考虑三种形式的回归模型:

$$y_t = \rho y_{t-1} + \mu_t \tag{2.7}$$

$$y_t = \rho y_{t-1} + a + \mu_t \tag{2.8}$$

$$y_t = \rho y_{t-1} + a + \delta t + \mu_t \tag{2.9}$$

其中,a 表示常数项,t 表示时间变量,代表了时间序列随时间变化的某种趋势。如果 $|\rho|$ 小于 1,则 y_t 为平稳序列,如果 $|\rho|$ 大于等于 1,则 y_t 为非平稳序列。

若时间序列是非平稳的,那么在建立 VAR 模型前,我们还需要进行协整检验。两种常用的协整关系检验方法是 Engle 和 Granger(1987)及 Johansen 和 Juselius 方法。Engle 和 Granger 两步法是基于单方程进行的,而 Johansen 和 Juselius 方法是以 VAR 模型为基础的检验回归系数的方法,是一种进行多变量协整检验的较好的方法,通常被称为 Johansen 协整检验。因为在实际运用中,大多数情况下是检验多变量之间的协整关系,而且 Johansen 检验还提出了检验协整向量个数及经济理论所设条件的显式方法,所以 Johansen 检验方法很快得到广泛的运用。

k 个经济指标 $y_1, y_2, \cdots, y_k$ 之间是否具有协整关系是指:若 $y_1, y_2, \cdots, y_k$ 都是 d 阶单整的,存在向量 $a=(a_1, a_2, \cdots, a_k)$,使得 $z_t = a y_t' \sim I(d-b)$,$b>0$ 则认为序列 $y_1, y_2, \cdots, y_k$ 是 (d,b) 阶协整。$a=(a_1, a_2, \cdots, a_k)$ 为协整向量。

对于 Johansen 协整检验有两个统计量,特征根迹检验(trace检验)和最大特征根检验。trace 检验,$H_0: \lambda_{r+1} = 0, H_1: \lambda_{r+1} > 0$。相应的统计量为:

$$\eta_r = -T \sum_{i=r+1}^{k} \ln(1-\lambda_i), r = 0, 1, \cdots, k-1 \quad (2.10)$$

其中,λ_i 表示协整向量矩阵的特征根,r 为协整向量矩阵的秩,也是协整向量的个数。当 $r=0$ 时,如果接受了原假设,表明有 k 个单位根,0 个协整向量。如果拒绝了原假设,说明至少有一个协整向量,然后再接着检验 $r=0$ 的情况,直到接受原假设。

另一个检验方法为最大特征根检验,$H_0: \lambda_{r+1} = 0, H_1: \lambda_{r+1} > 0$,相应的统计量为:

$$\xi_r = -T\ln(1-\lambda_{r+1}), r = 0, 1, \cdots, k-1 \quad (2.11)$$

同样,首先检验 ξ_0,如果 ξ_0 小于临界值,接受原假设,无协整向量,如果拒绝原假设,则至少有 1 个协整向量,然后依次进行下去,直至接受原假设。

此外,与单方程协整检验一样,在进行 Johanson 检验时,协整方程也可以包含截距和确定性趋势,要根据具体情况来确定协整方程的形式。

协整关系表明了经济变量之间存在长期的稳定均衡关系。如果能源与经济增长之间存在协整关系,证明其存在长期的均衡关系。

(五)误差修正模型

误差修正模型(ECM)是 VAR 模型的另一个重要应用。该模型主要应用于具有协整关系的非平稳时间序列分析。因为实际数据多为非平稳的时间序列,所以误差修正模型在实际中得了非常广泛的应用。Engle 和 Granger(1987)证明在变量之间存在协整关系的情况下,必然有相应的误差修正表达式,即误差修正模型。最常用的 ECM 模型的估计方法是 Engle 和 Granger

(1981)两步法,其基本思想如下。

第一步是求模型:

$$y_t = k_0 + k_1 x_t + u_t, t = 1, 2, \cdots, T \qquad (2.12)$$

用 OLS 方法估计,得到估计值是 $\hat{k}_0$、$\hat{k}_1$ 及残差序列 $\hat{u}$。若变量之间是协整的,那么 $\hat{u}$ 应该是平稳序列,而 $\hat{k}_0$,$\hat{k}_1$ 则表明了两变量之间的长期均衡关系。

第二步建立如下的误差修正方程:

$$\Delta y_t = \beta_0 + \beta_1 \Delta x_t + a \hat{u} + \varepsilon_t \qquad (2.13)$$

再用 OLS 方法估计其参数。$\hat{a}$ 则表示了 y_t 偏离长期均衡关系的偏差的调整速度。

除了以上几个重要模型外,还有一些学者运用条件异方差模型、方差分解、脉冲响应函数等时间序列模型来研究能源需求问题。在实际应用中,我们应依据所研究的问题和数据的具体情况选择适合的模型。除了时间序列模型,一些学者还选择运用灰色理论方法、投入产出法和人工神经网络法等单一模型方法和运用这些模型的组合模型方法。每一种方法都有其优点,都有其适用的场合,但同时也都有其不足或局限之处,不能简单说哪个模型好,哪个模型不好。

第二节　能源需求结构变化研究

一、能源需求的弹性变化

1973 年石油禁运之后,石油需求变得相当不稳定,导致在石油需求预测方面出现极大错误,相应地引起了人们对能源需求价格弹性的关心。1974 年石油价格飙升及随后石油实际价格的下降,向人们提供了检验居民部门电力需求变化假定的机会。

Stevens 和 Adams 认为,跨部门数据模型用于做出长期性的解释,而基于时间序列的模型则适合给出短期的结果,但这种长短期的划分具有误导性。当涉及 Pool 数据和跨部门数据时,不管结果是长期性的还是短期性的,对于统计结果都需要给出更谨慎的解释。Stevens 和 Adams 认为对长短期划分的弥补有两个办法,局部调整模型和结构需求模型,并且需要将耗能设备变量纳入模型中。但结构需求模型似乎具有更强的解释能力。

Stevens 和 Adams 运用 McFadden 等(1977)建议的方法,计算了电力需求的长短期弹性。在所有情况中,长期价格弹性的值都大于短期弹性值,并且 1976—1981 年的弹性要比 1970—1975 年的小。Chow 检验证明,这两个时期不能够进行合并。意味着电力需求的价格弹性在 1970—1975 年和 1976—1981 年间,不管是在长、短期弹性方面都出现了变化。

从理论上来说,至少有两个方面可以说明结构的变化,新设备的采用和电力占家庭支出份额增长两个方面而导致的弹性增加。但结果显示弹性降低,这是因为,1973 年以来,由于生活习惯的变化导致电力需求一直在增长,意味着电力需求对价格的弹性就会相应地降低。第一,奢侈品的出现意味着在长期将会出现价格弹性的不对称现象;第二,1973 年的石油禁运和此后的价格上涨可能被消费者认为是暂时性的。

二、能源需求的不对称性

Gately 和 Huntington(2002)做出了能源需求对价格和收入的不对称性研究。他们认为抑制能源需求的价格上涨对能源需求的影响并不会因为价格回落而逆转;相反促进能源需求的收入增长对能源需求的影响并不会因为收入的下降而回落。他们是在考察 1971 年至 1997 年之间全世界 96 个国家的数据而做出的结论。

　　他们考察的国家主要是划分为 OECD 国家和非 OECD 国家。OECD 国家的收入增长率基本相同,在 1%～4%之间;但非 OECD 国家收入增长率的跨度很广,5%及以上的国家有韩国、新加坡、马来西亚、印尼、泰国、中国,而扎伊尔、安哥拉、津巴布韦、象牙海岸、海地、沙特阿拉伯、尼日利亚、牙买加、委内瑞拉等国家的增长率却为负值。能源需求与石油需求同经济增长之间的关系方面,各国情况也大不相同,有的国家能源需求(石油需求)与经济保持相同的增长速度,在对角线附近,如 OECD 国家;而有的国家,特别是大部分发展中国家的能源需求和石油需求增长率超过收入增长率,但也有少数几个国家远低于收入增长率。

　　作者采用三种分解价格差价格上升和下降对能源需求的不同影响,分别是累积的最大历史价格增长序列、累积的价格削减数列和累积的价格恢复序列。同时他们对人均收入也进行了相应分解。

　　假定能源(石油)的需求主要受价格和收入及其滞后因素影响,运用考伊克滞后(Koyck-lag)模型,可得能源需求为:

$$D_t = k + \beta P_t + \gamma Y_t + \theta D_{t-1} \qquad (2.14)$$

　　式中假定过去价格水平与收入对能源需求的影响保持相同的几何级数缩减的调整速度$(1-\theta)$。由于假定价格和收入的调整速度保持相同是没有多大必要的,因此分别假定滞后调整系数,价格为 θ_p,收入为 θ_y,可得能源需求的模型:

$$D_t = k_0(1-\theta_p)(1-\theta_y) + (\theta_p+\theta_y)D_{t-1} - (\theta_p * \theta_y)D_{t-2}$$
$$+ \beta P_t - \theta_y\beta P_{t-1} + \gamma Y_t + \theta_p\gamma Y_{t-1} \qquad (2.15)$$

　　通过该模型以及上述价格和人均收入的分解,Gately 和 Huntington 得出了不同国家的考察结果,如表 2-1 所示。

表 2-1 不同国家能源需求不对称性结果考察

A：OECD 国家

燃料	eq. #	收入系数				石油价格系数				滞后调整系数		长期收入弹性	长期价格弹性
		Y	Y_{max}	Y_{cut}	Y_{rec}	P	P_{max}	P_{cut}	P_{rec}	收入	价格		
能源	2	0.08								0.86		0.57	
能源	3	0.05				−0.03					0.87	0.39	−0.20
能源	3a	0.15					−0.04	−0.01	−0.04	0.88	0.88	1.28	−0.35
能源							拒绝等式						
能源	6	0.59					−0.03	−0.01	**−0.02**	0.00	0.90	0.59	−0.24
能源							拒绝等式						
石油	2	0.03								0.90		0.31	
石油	3	**−0.02**				−0.05				0.91	−0.18	−0.59	
石油	3a	0.16					−0.08	−0.04	−0.08	0.89		1.48	−0.71
石油							拒绝等式						
石油	6	0.53					−0.08	−0.04	−0.05	0.06	0.88	0.56	−0.64
石油							拒绝等式						

续表

B:非OECD国家

燃料	eq. #	收入系数 Y	Y_{max}	Y_{cut}	Y_{rec}	石油价格系数 P	P_{max}	P_{cut}	P_{rec}	滞后调整系数 收入	价格	长期收入弹性	长期价格弹性
能源	1	0.86										0.86	
能源	2	0.16								0.84		0.86	
能源	3	0.17				−0.03					0.84	1.02	−0.16
能源	3a		0.19	0.16	0.31		−0.03	−0.01	0.002		0.83	1.11	−0.17
				拒绝等式			无法拒绝等式						
能源	4	0.44				−0.02				0.00	0.88	0.44	−0.16
能源	6		0.52	0.48	0.31		−0.01	−0.01	0.03	0.00	0.86	0.52	−0.01
			无法拒绝等式				拒绝等式						
石油	1	0.72										0.72	
石油	2	0.15								0.82		0.72	
石油	3	0.15				−0.03					0.82	0.84	−0.16
石油	3a		0.18	0.15	0.22		−0.05	−0.001	0.02		0.82	1.01	−0.27
			拒绝等式				无法拒绝等式						
石油	6		0.53	0.46	0.07		−0.03	−0.01	0.04	0.00	0.84	0.53	−0.18
			拒绝等式				拒绝等式						

续表

C:非OECD石油输出国

燃料	eq. #	收入系数				石油价格系数				滞后调整系数		长期收入弹性	长期价格弹性
		Y	Y_{max}	Y_{cut}	Y_{rec}	P	P_{max}	P_{cut}	P_{rec}	收入	价格		
能源	1	0.42										0.42	
能源	2	0.11								0.89		0.97	
能源	3	0.12									0.89	1.11	−0.18
能源	1a		1.67	0.11	0.74							1.67	
			拒绝等式										
能源	2a		**0.10**	0.14	0.36	**−0.02**				0.87		0.82	
			拒绝等式										
石油	1	0.30										0.30	
石油	2	0.11								0.73		0.41	
石油	3	0.11			0.14						0.70	0.37	0.01
石油	1a		0.97	0.09								0.97	
			拒绝等式										
石油	2a		0.31	0.08	0.11	**0.002**				0.66		0.91	
			拒绝等式										

这些结果表明：(1)OECD 国家的能源需求对价格上涨的反应程度远大于对价格下跌的程度；(2)在很多非 OECD 国家,能源需求对收入上升和下降的反应并不一定相反；(3)能源需求对收入调整的速度远大于对价格变化的反应速度。忽略这些非对称性作用机制将会导致对能源需求预测的误差。

第三节　能源需求预测建模

一、能源需求预测概述

能源需求预测是通过过去关于能源供需关系与影响能源需求要素各个数据的预测测算一个地区未来的能源需求状况。能源需求预测是国家对能源市场进行宏观管理决策的一个重要依据。能源需求预测的结果对企业生产规划、能源市场运行状况都有至关重要的影响。能源需求预测的结果对于一个地方的经济结构和长期发展规划息息相关。因此,对于一个地区来说,做好能源需求预测对该地区的经济发展和社会稳定有着非常重要的意义。

国内外以能源需求为主要业务的机构非常多,成分也非常复杂。一般情况下,一部分从事全球能源需求预测的非营利组织或者国际联合组织会定期发布大范围的能源需求预测报告,比较具有代表性的机构是国际能源署(IEA),国际能源公司或石油公司(如 BP)等。还有一些国际或者国内机构以及相关领域的学者也会针对一个国家或者地区进行大量能源需求预测工作,为单一国家或者地区服务,例如在美国或者日本就有很多针对国内能源需求预测的机构。近些年,随着市场经济体制的逐步完善,中国能源需求预测工作也在逐步开展。国际上有一些国际组织进行了专门针对中国的能源需求预测工作。国内也有一些组织对中国能源需求结构进行了预测。

　　各个国际组织采用的能源需求预测的建模方法都不一样,因此可以说能源需求预测的建模方法有很多,例如时间序列方法、灰色理论方法、人工神经网络方法、投入产出方法等单一模型法以及综合运用多种模型的综合方法。每一种方法都有多个优点和缺点,主要区分在其适用场合。因此,不能简单对所有方法进行优劣排名。韩君(2008)在其文章中曾对各个方法进行过相对全面的介绍。

　　(1)部门分析方法。该方法将能源需求水平锁定在一定经济发展速度和相对稳定的技术进步条件下。该方法假设一个国家的国民经济发展可以划分为多个部门,且相关部门的技术水平是稳定的,地区的人口总量也是稳定增长的。能源价格在一定时期内维持稳定状态。能源需求总体上只和产业经济的发展状况紧密关联。这一方法的模型通过计算或者衡量这个地区的国民经济增长水平,对其进行精准分析,并预测在短期内的增长水平。从基年的产值水平与能源消费的关系出发,模型就可以衡量出国民经济的各个部门产值增长速度与单位产值之间的关系,从而预测出短期内各个部门的能源消费需求变化以及国民经济总的能源需求量与增长趋势。一般来说,各个部门的划分越细,该模型的预测准确率就越高;反之,该模型的预测准确率就越低。

　　(2)传统时间序列趋势法。该方法从能源消费量的统计数据出发,寻找能源消费总量同时间变动之间的关系,并利用这一规律对未来某一个时刻的能源需求数量进行预测。这一方法的基本思想是建立影响能源消费数量的各个要素的多元差分方程,将各个要素随着时间变化的规律融合在关于能源的差分方程中。这一方法的缺点是没有办法准确预测能源消费的拐点之时,没有办法进行准确预测,需要其他方法进行辅助。Dahl 和 Sterner (1990)通过100多个实证研究证实,传统时间序列趋势方法最常用的模型是以能源需求为被解释变量,以能源价格、能源需求滞后变量和人均收入变量为解释变量的形式。

（3）能源需求弹性系数方法。一个国家或者地区的能源需求弹性系数是关于本国或者本地区的国民经济发展以及能源需求的统计规律的显示。在一个特定发展阶段，能源需求的弹性系数总体上是区域稳定的。这一预测方法假定了在一个国家或者地区在未来年份能源需求的技术与管理水平相对稳定，能源需求会随着经济发展的状况不断增加或者减少。在确定一个地区能源需求弹性系数以后，人们通过以往经验预计该国或者该地区的未来经济发展状况，从而确定该国或者该地区的未来能源需求水平。

（4）投入产出方法。该方法认为一国或者一个地区的经济是有机联系的整体，能源生产消耗与分配使用能够全面反映能源在整个国民经济部门间的运动过程。这个过程包含了能源产品的经济价值形成过程和使用价值运动过程。投入产出方法能够将能源产品在各个部门的总体运动状况显示出来，从而建立属于该部门能源投入产出模型，并通过多部门的汇总，形成整个地区的能源投入产出状况。

（5）BP人工神经网络模型方法。神经网络是由多个处理单元组成的多元并行计算系统。BP神经网络是这一网络体系的一个组成部分，这一神经网络由两个算法构成，分别是信息传播和误差反向传播。这一算法由三个层面构成，分别是输入层、中间层和输出层。输入层负责信息的输入，中间层则按照模型的设计对输入的信息进行综合处理，处理以后传向输出层。信息的选择包含两个过程，分别是正向信息沟通和反向误差纠正。反向误差纠正是指对信息进行反向误差传播，不断调整中间层各隐层的权重数值，将误差调整到可以接受的程度，最终在输出层输出。这种方法通过多层级的调整不断修正各个要素对能源需求影响的预测，从而准确输出能源需求。

（6）情景分析方法。该方法假设能源需求受环境的影响较重，未来的能源需求不可能受当前环境条件的限制。人们应该首先设定未来能源需求可以接受或者可以达成的目标，并根据这一目标分析可以采取的各种措施以及可行性,最终对这些措施的调整修改各个要素对能源需求的影响,从而确定未来能源需求数值。

(7)灰色模型方法。在控制论的体系中,对于已知信息控制的系统可以称之为白色系统,对于未知信息控制的系统称之为黑色系统,对于既包含白色系统又包含黑色系统的模型可以称为灰色系统。在1982年,我国学者邓聚龙教授首创此方法,开创了控制论研究的新领域。总体来说,灰色系统包含了"部分已知信息"和"部分未知信息",并以不确定性系统为研究对象,通过对已知信息的挖掘,提取有价值的信息,对整体系统的运行做出有效描述。在能源需求预测这一问题上,能源需求面对的即是一个灰色系统,在预测过程中,通过对有效信息的挖掘,从而确定能源需求的预测模型。

其中传统时间序列趋势法、灰色模型法、BP人工神经网络模型法等,主要是根据历史数据之间的相互关系和规律,不考虑能源系统的相互作用和平衡规律,直接将历史趋势进行外推的建模方法,这些模型结构简单,使用起来比较方便,但由于这些模型对系统内的机理考虑较少,外推能力有限,比较适合短期预测。与单一模型预测相比,利用组合模型可以将各模型有机结合,综合各模型的优点,从而提供更精确的预测结果。

二、中长期能源需求预测

下面介绍以多地区投入产出方法,结合情景分析法,对中长期能源需求预测进行建模分析。情景分析的思想有助于全面考察影响能源需求的主要驱动因素(即技术进步、经济增长、人口增加及城市化推进)各种可能的发展路径,从而把握这些因素发展在时间上的不确定性;多地区投入产出分析方法通过将预测总体划分为多个预测区域,可以把握空间上的复杂性。

(一)情景分析

能源系统是一个复杂的巨系统。影响能源需求的主要社会经济因素(如经济、人口、技术等)的变化具有不确定性。在能源需求分析方面,传统的趋势外推的预测方法只能预测当影响因素按过去的轨迹变化时的需求,无法考察过去未发生过的情况,如突发事件下的需求,预测结果具有片面性。

目前流行的情景分析法与一般的趋势外推的预测方法的不同:它并不是要预报未来,而是设想哪些类型的未来是可能的,通过描述在不同的发展路线下各种"可能的未来",从而可以考虑能源需求的各驱动因素的不确定性。

（二）基本的投入产出模型

投入产出模型是 Wassily Leontief 教授于 20 世纪 30 年代末开发的一个分析框架。它的主要内容是编制棋盘式的投入产出表(表 2-2)和建立相应的线性代数方程体系。

投入产出表展示了各经济部门之间的货币往来及其相互作用关系。表 2-2 中的各行描述了各部门的产出在整个经济中的分配情况,即销售给生产部门作为中间使用,或者销售给消费者作为最终使用;而表 2-2 中的各列描述了各部门的生产所需的投入情况,包括作为原材料的各项中间投入,以及劳动力和资本等要素投入(Miller and Blair 1985)。

表 2-2　投入产出表的基本结构

投入＼产出		中间使用			最终使用	总产出
		部门 1	⋯	部门 n		
中间投入	部门 1	x_{11}	⋯	x_{1n}	Y_1	X_1
	⋮	⋮	⋮	⋮	⋮	⋮
	部门 n	x_{n1}	⋯	x_{m}	Y_n	X_n
增加值		Z_1		Z_n		
总投入		X_1		X_n		

模型中的线性代数方程体系同样从数学上描述了部门产出在经济中的分配情况,其矩阵表示形式如方程(2.16)所示。

$$X = A \cdot X + Y \qquad (2.16)$$

其中(设国民经济有 n 个部门):

X 为 n 维向量,其元素 X_i 表示第 i 部门的总产出。

Y 为 n 维向量,其元素 Y_i 表示第 i 部门的最终使用(最终使用包括居民和政府消费、固定资本形成总额、存货增加及出口)。

A 为 $n \times n$ 维直接消耗系数矩阵,其元素 a_{ij} 表示第 j 个部门生产单位产品对第 i 个部门产品的直接消耗量。A 也被称为技术系数矩阵。a_{ij} 的计算方法为:

$$a_{ij} = \frac{x_{ij}}{X_j} \qquad (2.17)$$

其中: x_{ij} % 为第 j 个部门对第 i 个部门产品的直接消耗量。方程(2.16)可被改写为

$$X = (I - A)^{-1} \cdot Y \qquad (2.18)$$

其中: I 为 $n \times n$ 维单位矩阵。

$(I-A)^{-1}$ 为完全需求系数矩阵(又称列昂剔夫逆矩阵),其元素 $b_{ij}(i,j=1,2,\cdots,n)$ 称为完全需求系数,表示第 j 个部门生产单位最终使用产品对第 i 个部门产品的完全需求量。由方程(2.18)可见,投入产出模型是由最终需求驱动的,通过完全需求系数矩阵将最终需求的变化传导到总产出的变化。

如方程(2.19)所示,完全需求系数矩阵可分解为 n 个部门生产的单位最终使用矩阵 I、生产单位最终使用产品所产生的直接消耗矩阵 A 和生产单位最终使用产品所产生的全部间接消耗矩阵 $A^2 + A^3 + \cdots + A^n$ 三个组成部分,由此可以全面地反映出由于对任一部门产品最终需求的变化所直接及间接引起的该部门和其他各部门总产出的变化。

$$(I - A)^{-1} = I + A + A^2 + A^3 + \cdots + A^n \cdots \qquad (2.19)$$

(三)面向多个地区的投入产出模型

当研究对象为一个以上的地区时,就需要对基本的投入产出模型进行扩展,得到关于多个地区的投入产出模型。

面向多个地区的投入产出模型包括基本的地区间投入产出

模型(interregional input-output model，IRIO)及一系列简化模型。最早关于地区间投入产出模型的陈述出现在 Isard 的著作中(Miller and Blair，1985)。基本的地区间投入产出模型对统计资料的要求很高，需要有完整的地区间投入产出表。在经济统计体系不够完善的情况下，编制这样的投入产出表需要进行大规模的调查工作，耗费大量人力物力，调查所得数据的可靠性有时也不能保证。目前只有日本和荷兰等极少数国家编制出了完整的地区间投入产出表。

因为数据来源的限制，直接运用基本的地区间投入产出模型是非常困难和复杂的，所以出现了一系列简化模型，主要包括多地区投入产出模型(multiregional input-output model，MRIO，亦称列系数模型)、Leontief 模型和 Pool-Approach 模型。其中，MRIO 模型是目前公认的地区间投入产出模型的主流形式，它与其他模型相比具有"资料要求低、精度较高等显著特点"(张阿玲，李继峰，2004；刘强，冈本信广，2002)。目前，我国的区域间投入产出表也正是采用 MRIO 模型方法编制的。因此，本节选择 MRIO 模型作为核心模型。

假设研究对象为 m 个地区，则在 MRIO 模型中，投入产出模型的基本方程(2.20)变为：

$$C \cdot A \cdot X + C \cdot Y = X \qquad (2.20)$$

其中：

$$X = \begin{bmatrix} X^1 \\ X^2 \\ \vdots \\ X^m \end{bmatrix}, X^k 为 n 维第 k 个地区的总产出矩阵，其元素 x_i^k$$

表示第 k 个地区第 i 部门的总产出。

$C \cdot A \cdot X$ 描述了各区域各部门中间投入的来源和中间使用的去向。

$$A = \begin{bmatrix} A^1 & 0 & \cdots & 0 \\ 0 & A^2 & \cdots & 0 \\ \vdots & \vdots & \ddots & \vdots \\ 0 & 0 & \cdots & A^n \end{bmatrix}, A^k \text{ 为 } n \times n \text{ 维第 } k \text{ 个地区的技术系}$$

数矩阵，其元素 a_{ij}^k 表示第 k 个地区第 j 部门生产单位产品对第 i 个部门产品的直接消耗量。

C 为区域间贸易系数矩阵。

$$C = \begin{bmatrix} \widehat{C}^{11} & \cdots & \widehat{C}^{1n} \\ \vdots & \ddots & \vdots \\ \widehat{C}^{m1} & \cdots & \widehat{C}^{mn} \end{bmatrix}, \text{ 其中 } \widehat{C}^{kl} = \begin{bmatrix} c_1^{kl} & 0 & \cdots & 0 \\ 0 & c_2^{kl} & \cdots & 0 \\ \vdots & \vdots & \ddots & \vdots \\ 0 & 0 & \cdots & c_n^{kl} \end{bmatrix}, c_i^{kl} \text{ 为第 } l$$

个地区使用的所有第 i 部门产品中来自第 k 个地区的比例。

$$Y = \begin{bmatrix} Y^1 \\ \vdots \\ Y^m \end{bmatrix}, Y^k \text{ 为 } n \text{ 维第 } k \text{ 个地区的最终使用矩阵，}$$

其元素 y_i^k 表示第 k 个地区对第 i 部门产品的最终需求量。

（四）能源需求模型

本书介绍如何基于上述的 MRIO 模型预测未来的能源需求。需要说明的是，这里预测能源需求时只考虑一次能源需求，因为二次能源"由于部门间相互的需求结构已经自动被考虑了"。

1. 能源需求量

首先计算一次化石能源，即煤炭、原油和天然气的需求量，如方程（2.21）所示。

$$Q^{Fossil} = Q^{Produce} + Q^{Resident} \tag{2.21}$$

其中：

Q^{Fossil} 为 3×1 维矩阵，一次化石能源需求总量，其元素 Q_j^{Fossil} 表示对第 j 种化石能源（煤炭、原油、天然气）的需求量。

$Q^{Produce}$ 为 3×1 维矩阵，生产过程一次化石能源需求量，其元

素 Q_j^{Produce} 表示生产过程对第 j 种化石能源的需求总量。

Q^{Resident} 为 3×1 维矩阵，居民生活一次化石能源需求量，其元素 Q_j^{Resident} 表示居民生活对第 j 种化石能源的需求总量。

Q^{Produce} 和 Q^{Resident} 的求法分别如方程（2.22）和（2.23）所示。

$$Q^{\text{Produce}} = \sum_k^m Q^{\text{Produce},k} = \sum_k^m \sum_i^n \sum_j^3 g_{i,j}^k \cdot x_i^k \qquad (2.22)$$

其中：

$Q^{\text{Produce},k}$ 为第 k 个地区的生产活动对一次化石能源的需求总量。

$g_{i,j}^k$ 为第 k 个地区第 i 部门对第 j 种化石能源的需求量（实物量）。

$$Q^{\text{Resident}} = \sum_k^m Q^{\text{Resident},k} =$$

$$\sum_k^m \left[h_{Urban,j}^k \cdot \eta^k \cdot P^k + h_{Rural,j}^k \cdot (1 - \eta^k) \cdot P^k \right]$$

$$(2.23)$$

其中：

$Q^{\text{Resident},k}$ 为第 k 个地区的居民生活对一次化石能源的需求总量。

$h_{Urban,j}^k$ 为第 k 个地区城镇居民对第 j 种能源的人均生活用能需求量。

P^k 为第 k 个地区的人口数。

η^k 为第 k 个地区的城市化率，即城镇人口占全国总人口数的比例。

设 β 为化石能源占一次能源比重，则一次能源需求量 Q^{Total} 为：

$$Q^{\text{Total}} = \frac{\sum_{i=1}^3 Q^{\text{Fossil}}}{\beta} \qquad (2.24)$$

2. 能源强度

由能源强度的定义可得到其计算方法如下所示。

$$D_Q = \frac{Q^{Total}}{GDP} = \frac{Q^{Total}}{\sum\limits_{j=1}^{n} Z_j} \tag{2.25}$$

其中：

D_Q 为能源强度。

Z_j 为第 j 个部门的增加值。

（五）将驱动因素的影响结合进模型

为了预测未来的能源需求量，首先需要获得未来的最终需求、技术系数矩阵及能源效率进步矩阵。获取这些变量的过程也就是将各主要驱动因素的变化结合进模型的过程。

以下统一用上标"f"表示终端年份 f 的变量，用上标"c"表示基年的变量。同时为了简单起见，以下计算过程中省略了描述区域的上标"k"。

1. 终端年份 f 的最终需求 Y^f

对终端年份的最终需求 Y^f 的计算包括以下三个步骤。

第一，计算终端年份居民对各部门产品的人均消费量。这里终端年份的居民人均消费量的变化通过收入弹性系数求出（Hubacek and Sun，2001）。收入弹性系数度量的是收入每变化一个百分点时居民对各种商品需求量的变化，见方程（2.26）。

$$\varepsilon = \frac{\dfrac{K^f - K^c}{K^c}}{\dfrac{L^f - L^c}{L^c}} \tag{2.26}$$

其中：

ε 为收入弹性系数，K^f 为终端年份 f 的居民人均消费量，K^c 为基年 c 的居民人均消费量；L^f 为终端年份 f 的居民人均收入；L^c 为基年 c 的居民人均收入。

改写方程（2.26）就可得到终端年份的居民人均消费量，如方程（2.27）所示。

$$K^f = \left[1 + \varepsilon \cdot \left(\frac{L^f - L^c}{L^c} \right) \right] \cdot K^c \qquad (2.27)$$

按类似的方法可获得 K^f_{Urban} 和 K^f_{Rural}，其中：

K^f_{Urban} 为终端年份 f 的城市居民人均消费量。

K^f_{Rural} 为终端年份 f 的农村居民人均消费量。

第二，计算终端年份居民消费总量。居民消费总量可通过将人均消费量和人口总数相乘得到。因为城市与农村在消费模式、生活水平上的差异较大，所以这里将两者的居民消费总量分别计算。

$$T^f = T^f_{Urban} + T^f_{Rural} = K^f_{Urban} \cdot P^f \cdot \eta^f + K^f_{Urban} \cdot P^f \cdot (1 - \eta^f)$$
$$(2.28)$$

其中：

T^f 为终端年份 f 的居民消费总量。

T^f_{Urban} 为终端年份 f 的城镇居民消费总量。

T^f_{Rural} 为终端年份 f 的农村居民消费总量。

P^f 为终端年份 f 的人口数。

η^f 为终端年份 f 的城市化率。

第三，估计终端年份 f 的最终需求。这里终端年份的最终需求 Y^f 利用相应年份的居民消费总量的结果估计得到：

$$Y^f = \frac{T^f}{\theta^f} \qquad (2.29)$$

θ^f 为居民消费总额占最终使用的比例。

2. 终端年份 f 的直接消耗系数矩阵

终端年份 f 的直接消耗系数矩阵运用 RAS 直接消耗系数调整法确定。

RAS 方法是在更新投入产出系数矩阵中普遍使用的一种工具，它旨在通过所研究年份的三组数据获取该年份的 $n \times n$ 个技术系数。这三组所需的信息如下。

(1)终端年份第 i 部门的总产出 X_i^f。

(2)终端年份第 i 部门的中间使用合计 U_i^f,它等于 $\sum_{j=1}^{n} x_{ij}$,也等于该部门的总产出 X_i^f 减去部门的最终需求 Y_i^f。

(3)终端年份第 i 部门的中间投入合计 V_i^f,它等于 $\sum_{i=1}^{n} x_{ij}$,也等于该部门的总产出 X_i^f 减去部门的增加值 Z_i^f。

RAS 法的基本目的是:根据技术变化的代用假定和制造假定,利用 X_i^f、U_i^f、V_i^f 等控制数据,找出一套行乘数($\hat{R}$)和一套列乘数($\hat{S}$),分别用于调整基年直接消耗系数矩阵 A^c 各行和各列元素。这两套乘数可以通过图 2-4 所示的迭代算法获得。获得两套乘数之后,利用方程(2.26)可得到未来的直接消耗系数矩阵:

$$A^f = \hat{R} \cdot A^c \cdot \hat{S} \tag{2.30}$$

3. G^f 和 H^f

终端年份的单位产出能耗矩阵 G^f 和人均生活能耗矩阵 H^f 通过对基年相应的能耗系数调整得到。根据相应的能源规划可以设定能源效率进步情景,假设 $3 \times (n+1)$ 维矩阵 O 为技术进步矩阵,其元素 $O_{i,j}(1 \leqslant j \leqslant n)$ 表示第 j 个部门单位产出对第 i 种能源的好用量的年变化率,$O_{i,n+1}$ 为与第 i 种能源的人均生活耗用量的年变化率,则有:

$$g_{i,j}^f = g_{i,j}^c \cdot (1 + O_{i,j})^{f-c} \tag{2.31}$$

$$h_i^f = h_i^c (1 + O_{i,n+1})^{f-c} \tag{2.32}$$

需要注意的是,因为假设了各种投入品之间不可相互替代,以及没有引入能源相对价格变化的影响,所以这里没有考虑能源利用效率提高过程中潜在的回弹效应。

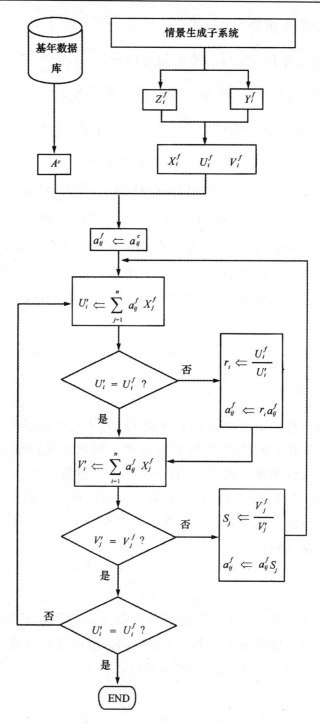

图 2-4　RAS 迭代算法

第三章　能源供给理论及其科学预测

在维持社会经济生产和促进人民群众生活发展方面,必要的能源在很大程度上保证了其有序运转。当今世界,化石能源是能源供给的主要形式,由于绝对稀缺性和区域分布不均衡性是化石能源的主要特征,与此同时,由于人类对此类能源的刚性需求不断扩大,在这样的形势下,在能源市场供需方面使得能源供给往往会发生供不应求的巨变。因此,对于世界各个国家来说,一个亟须解决的重要问题就是能源供给问题。

第一节　能源供给的影响因素

一、供给原理

根据经济学供给原理,一种商品(或服务)的供给量是所有影响这种商品供给量的因素的函数,一般表达式为:

$$S=f(p,c,t,\cdots)$$

其中,p代表商品(服务)价格,S为商品(或服务)供给量。假设其他条件不变,若仅仅考虑价格因素,供给函数为:

$$S=f(p)$$

供给函数$S=f(p)$说明,商品(或服务)供给量和商品价格之间存在一种对应关系。生产者在每一价格水平上愿意并且能够提供的一定数量的商品(或劳务),就是经济学上的供给概念。供给函数的几何表现是供给曲线。

供给变动和供给量变动有不同含义(图 3-1)。

（1）供给量变动：在局部均衡分析中，代表由于商品自身价格变化而引起的供给量变化，其几何解释表现为沿着供给曲线的移动。

（2）供给变动：由于其他因素变动而引起的厂商对于商品供给量的变动，其几何解释表现为供给曲线的移动。

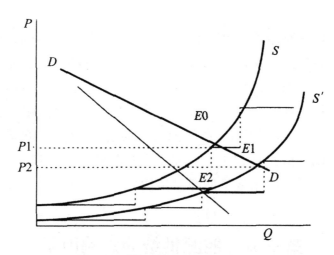

图 3-1　供给变动和供给量变动

假设初始均衡点位于 $E0$，商品或服务供给变动将使供给曲线发生移动，从 S 移动到 S'，市场需求的均衡点位于 $E1$；这时，如果需求发生变化使均衡点从 $E1$ 移动到 $E2$，说明随着市场需求下降，商品价格和商品供给量都出现了下降。

二、能源供给的概念和特点

（一）能源供给的内涵

按照经济学定义，能源供给是指生产者在一定时期内在各种可能的价格水平下愿意并且能够提供出售的该能源商品的数量。根据定义，如果生产者对该能源商品只有出售的欲望而没有出售的能力，就不能认为是经济学意义上的供给。生产者的供给一定同时包含两个层面才能构成有效供给，即必须有提供出售的欲望和能力,二者缺一不可。

能源供给是能源经济学的一个基本概念,在实际应用中需要注意能源供给与能源生产的区别。有效能源供给具体反映出了能源供给量,当能源需求充足,且没有库存的条件下,能源生产等同于能源供给量,可以用关系式表示为:

$$生产量＝供应量＝供给量＋库存$$

但由于能源供给一般很难测度,因此在实际分析中仍经常用能源生产代替能源供给。本书在没有特别提示的情况下一般也不严格区分两个概念的差异。

(二)能源供给总量和能源供给结构

能源供给总量是指一定范围内所研究的各种能源供给量之和,如一次能源供给量,为原煤、原油、天然气和水电、核电等供给量之和,化石能源供给量则为原煤、原油、天然气供给量之和等。

能源供给结构是指能源供给总量中各类能源所占比例。如我国一次能源主要由煤炭、石油、天然气以及水电＋核电构成,其中煤炭占绝对主导地位,约占一次能源供给总量的70%。

一个国家的能源供应结构既反映其能源资源禀赋的结构特点,也反映能源开发利用的结构特点。能源结构对能源强度和能源利用的环境都是重要的影响因素。例如,我国的一次能源供应以煤炭为主导地位,这是由我国的能源资源禀赋所决定的,其他还有石油、天然气,以及水电、核电、风电等。

电力供应结构可以通过两个指标来反映。

一是电源结构,指发电装机容量中各类机组容量(以燃料或动力区分)的装机容量比例,如水电机组、核电机组、煤电机组的比例。

二是电量结构,指总发电量中各类机组发电量所占的比例。

尽管这两个指标反映的是同一个问题,由于不同类型电力机组的年发电量有较大差异,两个电量结构和电源结构比例的值出现差异。计算方法如下：

$$\text{电源结构：火电比例} = \frac{\sum_{i=1}^{k} \text{第} i \text{类火电机组装机容量（兆瓦）}}{\text{发电机组装机容量（兆瓦）}}$$

$$\text{电量结构：火电比例} = \frac{\sum_{i=1}^{k} \text{第} i \text{类火电机组年发电量（亿千瓦时）}}{\text{总发电量（亿千瓦时）}}$$

其中，$i=1,2,3,\cdots,k$，代表燃煤机组、燃气机组、核电机组。

（三）能源供给的特点

目前人类开发利用的能源资源主仍以煤炭、石油、天然气等化石能源为主，这些化石能源的供给有如下特点。

1. 供给有限

能源供给有限是指化石能源资源的储量有限。与快速增长的能源需求相比，很可能面临资源枯竭或者资源价格由于稀缺而无法承受的局面。

根据 BP 统计数据，截至 2014 年底，全球累计探明石油储量为 2398 亿吨，按照目前全球石油开采进度，静态可采年限为 52.9 年；天然气可采年限 55.7 年；在能源消费总量占主要地位的煤炭资源的储采比不断下降。从我国的情况来看其形势更加严峻，煤炭储采比为 31 年、石油储采比仅为 11.4 年、天然气的储采比为 28.9 年。长期来看，可利用的传统能源储量有限，可采年限总体呈现不断下降的趋势，人类必须努力地寻找新的能源资源，实现替代能源。

2. 分布不均

全球能源资源分布不均衡，在资源储量和资源质量上存在显著的区域性差异。

从全球已探明石油资源储量来看，全球前八大石油储量国占全球总储量的 79.7%，约 3/4 的储量集中在东半球，中东（地中海东部到波斯湾的大片地区）是全球石油资源最丰富的地区,该区域石油探明储量占全球总量的 48.4%,其剩余最终可采资源量占世界总量的一半以上,是世界能源市场重要的供应源,被称为"世界油库"。中南美洲石油储量占全球总量的 19.7%。石油剩余可采储量最多的是委内瑞拉,占世界总量的 17.8%;其次为沙特阿拉伯,占 15.9%。同样,全球天然气和煤炭资源在分布上也具有高度的地缘性,欧洲、北美和亚太三个地区是世界煤炭主要分布地区,三个地区合计占世界总量的 90%左右;天然气剩余可采储量前五名的国家可采储量之和占世界总量的 62.8%。

尽管科技进步与生产力提高使人类可利用能源资源的前景越来越广阔,然而能源资源的有限性以及分布不均加之世界能源需求的快速增长,使全球范围内的能源资源争夺日趋激烈,大国纷纷试图通过政治和军事手段控制能源资源,使得能源问题复杂化,从而超越经济问题的范畴,更多时候与政治问题、社会问题甚至外交问题交织在一起,成为未来地区冲突和动乱的重要原因之一。

3. 供给多元化

由于可持续发展和环境保护的要求,当今世界呈现出能源供给多元的特征,具体是指能源供应结构发生变化、供应成本发生变化,使得全球能源在发展格局上呈现出清洁化、多样化和全球化的特点。

第一,世界能源结构先后经历了不同的时代,主要体现为以薪柴为主、以煤为主和以石油为主,在今天以天然气为主成为世界能源的主要发展态势;不仅如此,很多清洁能源资源也开始在世界范围内推广使用,如生物质能、风能、太阳能等。

第二,随着世界对环境保护的要求越来越严格,以及能源新技术不断发展,清洁化成为世界能源供应格局一个新的发展方向,清洁化不仅体现在要努力开发更多、更好的清洁能源资源方面,也要在能源生产的过程中以及能源供应链的各个环节中体现清洁化。

第三，由于世界能源资源分布不均，仅仅依靠本国的资源来满足国内需求对于各个国家和地区很难实现，在这样的现实环境下，为了满足本国或本地区的能源需求就必须通过其他国家和地区的资源供应来实现。全球能源贸易量呈现明显增加的趋势。今后，世界能源供应与消费的全球化进程还会不断推进。

三、影响能源供给的主要因素

能源供给的影响因素很多，既有经济因素，也有非经济因素。常见的因素如资源储量、环境容量、能源生产效率、技术进步、物价水平、能源投资、市场结构特征、企业管理水平。此外，一些政策体制问题甚至外交因素都可能会影响能源供给。按照来源地来分，一个国家的能源供给包括国内生产和进口。一些能源资源储量贫乏的国家，其能源对外依赖会很高。对于这些有大量能源进口的国家来说，能源供给安全风险也比较大，能源供给将受到国际市场、国际政治与外交的显著影响。以下讨论几个主要因素。

（一）能源价格

与任何其他商品一样，能源价格既是影响能源需求，也是影响能源供给的主要因素之一。在其他条件一定的情况下，能源价格提高，意味着企业利润增加，追逐利润最大化的企业会增加供给；反之，利润减少，企业就会减少能源的供给。

与一般产品不同的是，能源作为稀缺性资源，随着消费量的增加，长期来看除非有稳定且可大规模利用的可替代能源品种的出现，否则其价格趋于走高。但在短期内，能源生产或供给几乎不受价格的影响，原因在于：首先，能源产业作为资本密集型产业，其生产前期的要素投入比重非常大，而生产过程中要素投入所占比重相对较小，产量对生产过程中的要素投入是不敏感的，且要素投入对产出有一个明显的较长的时滞。其次，能源供给受到已探明可采储量的限制,在技术不发生变化的前提下,一定时期内可开采的数量是一定的,同时,能源投资期长,短期内调整产量的能力很有限,因此,能源价格对能源资源供给的影响较一般产品小。短期内,能源供给对价格的反应主要通过剩余产能来实现。例如,在国际石油市场上,石油供需一直比较紧张,非欧佩克国家基本上已开足马力,按最大生产能力进行生产,这意味着其短期能源供给曲线为一条垂直线,供给价格弹性为零,只有沙特阿拉伯这样的欧佩克成员大国才留有一定的剩余产能,当市场供不应求时,增加产出来平衡供需。

（二）能源资源

一个国家或地区的能源资源,简单而言是指在地下的能源资源埋藏总量;复杂一点,指经过资源地质勘查和经济评价所获得的资源储量。资源储量多少与储量分级(分类)定义相关。按地质控制精度和技术经济可利用性,对资源储量有不同分类,国际上并没有形成统一的储量分级标准体系。

在各种储量概念中,一个常见的概念是剩余可采储量(或称为剩余储量)。只有剩余可采储量才在经济上有实际的开发意义,其占探明储量的比例愈高,经济可采程度就愈高。随着资源开发程度的加深,剩余可采储量会逐渐减少,剩余可采储量与年产量之比就是储采比。储采比又称储量寿命,体现了资源的采出程度,是反映能源供给能力的重要指标。

（三）能源投资

稀缺性是能源资源的一个重要特性,因此对于世界各国来说亟待解决的一个重要问题就是如何实现能源资源的优化配置,对于这一问题来说,一个有效的途径就是通过有效的能源投资来完成。

能源投资是指:"投资主体在能源生产、流通和消费领域进行的固定资产投资活动。"①以下三个方面可以说是能源投资活动的主要内容。

(1)能源投资放在生产领域,具体是指在能源勘探、开发、生产、加工和转换等活动中投资主体进行的固定资产投资。

(2)能源投资放在流通领域,具体是指在能源输送和流转等活动中投资主体进行的固定资产投资。

(3)能源投资放在消费领域,具体是指投资主体为了推动能源在企业、事业、行政单位及居民的广泛使用而进行的固定资产投资,主要是通过投资用户端及附属设施来实现目标。

能源投资对能源供给的影响主要体现在两个方面。

(1)能源投资是能源供给物质体系形成的基础,是能源可否稳定、经济、清洁地供给的根本保障。根据上述能源投资的内涵,能源投资不仅包括生产性固定资产,也包括非生产性固定资产;不仅包括能源产业,也包括非能源产业。

(2)能源研发投资是推动能源技术进步的主要因素。能源供给的增加和能源使用效率的提高,最现实和最有效的途径是能源技术的进步及创新。在能源和其他技术创新过程中,能源研发具有重要作用。因此,能源研发投资引发的技术进步是影响能源供给的主要因素之一。

稀缺性资源的合理、科学配置是经济学关注的焦点问题。能源投资决策的主要内容包括:第一,能源产业投资额的大小。其决定因素主要取决于经济增长、能源价格、投资利润率及产业政策导向等。第二,投资方向、领域及能源品种,即在投资数量一定的前提下,是投向基础设施建设还是技术研发,是投向传统化石能源产业(如石油)还是新能源及可再生能源产业(如风能或者太阳能)。合理的能源投资结构有助于改善供给结构,进而引导能源需求结构优化。结构的改善往往伴随着资源配置效率的提高。

---

① 满向昱,朱曦济.能源投资统计指标体系研究[J].统计研究,2013(11)

（四）技术进步

生产函数不仅表示要素投入与产出之间的对应关系,还隐含着某种生产技术制约。技术进步将会使生产前沿发生移动,使用与以前一样的要素投入,却可以得到更大的产量。

能源行业不仅仅是资金密集型产业,更是技术密集型产业。研发投资是推动能源技术进步的主要因素;能源技术进步可以使能源开采能力增强,开采成本下降,能源设备效率提高,能源生产和能源服务效率提高。在资源有限的情况下,能源供给增加在很大程度上得益于能源技术进步和技术创新。

在现实情况下并不是随时都可以发生能源技术的创新,能源市场条件和政策环境很大程度上影响着技术创新的发展方向,这是内生技术变迁的基本思想。纵观国际能源发展经验,这一点得到了充分的证明。随着能探紧缺或成本趋高,世界各个国家将更多地关注于能效投资、能源替代技术方面的投资。1973 年爆发首次石油危机之后,能源产品在国际市场上价格不断上涨,对此为了有效削减石油进口很多发达国家相继出台新的政策,同时更多地开始关注能源技术研发投资。21 世纪以来,全球环境温室效应的影响严重,伴随着不断上涨的国际能源价格,各国都开始重视新能源领域的研究并推动能源的技术进步。在能源技术研发领域一旦有突破性的技术创新并能够广泛应用,对于长期的经济增长来说能源短缺可能不会成为其之掣肘。技术进步对能源供给的影响从美国的"页岩气革命"可见一斑。美国常规天然气产量在 1973 年达到顶峰,迫使美国油气勘探由陆地转为向浅海、深海进军。经过几十年非常规天然气的开采实验,2006 年以来水平井分段改造技术的突破对于推动能源技术进步具有重大的影响作用,一方面从极大程度上降低了对非常规气的开放成本,更重要的是大幅度提升了非常规气的产量,使得世界能源格局发生了变化。另一方面,页岩气的技术进步使全国天然气产量于 2009 年达到一个新的生产高峰,并超越俄罗斯成为全球第一天然气生产国。

第二节 能源供给的科学预测

能源供给预测,是指预测未来一定期限内、一定地域范围内的能源供应情况。能源供给预测既是能源企业确定经营方针和发展规划的重要参考,也是国家能源政策和战略规划的重要依据。按照能源预测的分析范围,有生产企业能源供给预测、部门能源供给预测、国家能源供给预测、区域能源供给预测和全球能源供给预测。一个国家能源总产量是国内所有能源生产企业产量的总和;全球能源总产量则是所有能源生产国的产量总和。通常情况下,企业供给预测只需求解本企业的产量和增长趋势,考虑因素主要是企业自身的可用储量、生产技术和经营状况;部门、国家、地区和全球范围的供给预测通常还要关注产量之外的很多其他供给问题,包括价格、供给结构、供给来源,分析方法也要复杂得多。

一、储量和产量

任何一个煤田、油气田都会经历不同的开发生产阶段。随着开发程度加深,最终都会进入产量下降阶段,这是任何不可再生资源生产周期的必经阶段。在这一阶段,平均可变成本呈现递增趋势,当收益无法弥补可变成本时,就必须停产。

储量分析是能源供给预测的基础。储量分析,即根据已经查明的储量以及推测未来可能发现的储量,并考虑能源资源的开发周期特点,来推测未来的一次能源供应量。由于资源的有限性,煤炭、石油、天然气等不可再生能源资源最终要面临枯竭的前景;或者,开发成本高昂到用不起的地步,而被迫寻找能源替代。能源资源的储采比反映了一个国家剩余资源的可采年限,计算公式为:储采比－剩余可采储量/当年总产量。储采比概念隐含的假定是:今后没有新的储量发现,并且保持现有的产量水平不变。

能源资源的储采比越高,资源开发的稳产基础越好;储采比增加,则产量可能上升。

事实上,储采比可能是一个不断变化的动态指标。第一,剩余可采储量不是一成不变的。这是因为存在着发现新储量的可能性,而且"剩余可采储量"会不断从"资源量"中获得补充——由于技术进步和价格变化等原因,现在开采不经济的储量或许变得具有经济性,从而使经济的剩余可采储量增加。[①] 第二,"当年总产量"也不一定保持不变。

如果将储采比保持在一定水平,除非储量不断增加,否则储采比必将下降。为说明这一点,来看以下等式:

$$R_{t+1} = R_t - P_t + D_t \qquad (3.1)$$

其中,R 为剩余储量,P 为产量,D 是新发现的储量。t 代表本期时间,$t+1$ 为下一期。该等式还可以变换为:

$$D_t = R_{t+1} - R_t + P_t \qquad (3.2)$$

令储采比为 $r_t = R_t/P_t$,设产量的年增长率为 $P_{t+1}/P_t = n+1$,则(3.2)又可改写为:

$$D_t = P_t(1 + rn) \qquad (3.3)$$

上述等式说明了资源发现和产量之间的关系。显然,这种关系取决于两个因素——产量增长率和储采比。

(1)如果产量保持不变,即增长率 $n=0$,那么有 $D_t = P_t$。这说明,即使产量不增长,要保持储采比不变,必须不断有资源增长且增加的储量必须与产量相等。

(2)如果产量增长率不为零($n > 0$),则有 $D_t > P_t(1 + rn)$。这说明,为了保持储采比不下降,必须发现更多的资源,使储量增加。

如果一种资源的发现量高于产量(或消费量),那么就认为资源是"经济上再生"的(regenerated economically);反之,若发现量低于产量,意味着储量不断耗减,行业处于资源在经济上不可再

---

① 在油藏工程中,将当年新增可采储量与当年原油量之比称为"储采平衡系数"(储量替换率)。

生的阶段。

将上述概念应用于石油工业,可以发现全球石油工业已经经历了几个阶段。

(1)20 世纪 70 年代之前的很长时间,全球石油产量低于新增的资源发现量,石油资源在此期间具有"经济再生"性质,石油供应是有资源保障的。事实上,在这一阶段,与继续开发现有油田相比,新油田的发现成本往往更低,整个行业处于长期边际成本下降的阶段。

(2)20 世纪 80 年代以后,石油工业进入储量增长难度大的阶段,从而使石油资源的"经济再生"无法得以保证。在这一阶段,石油资源的发现成本极其昂贵,行业整体处于长期边际成本上升期。

(3)由于油气开采新技术的迅速发展,石油行业目前可能暂时处于一个比较好的阶段,今后如何很难预言。

二、能源供给预测的主要方法

能源供给预测方法主要有三大类,分别是基于能源供给的趋势预测法、基于能源系统的分析法和基于能源储量的分析法,下面分别对三类预测方法进行介绍。

(一)能源供给的趋势预测法

根据各历史时期实际能源供给量的数据,进行数据处理和统计分析,再结合能源储量的可能性和能源贸易等因素进行调整,推测未来的能源供给量。储量的可能性和能源外贸等因素进行调整,以便对未来需求的能源供应量进行合理的推测。为了在能源供给预测中使得预测结果尽可能科学有效,一方面回归分析是进行预测的一种方法,而且进行预测的另一种方法还可以采用灰色预测方法中的 GM(1,1)模型。这两种方法在具体应用中是有很大区别的,回归分析法在应用的时候对于数据信息的规律性要求非常高,这也使得预测结果更为准确、更为直观。灰色预测方法中的 GM(1,1) 模型的应用原理相对简单,对原始数据并没有太高的要求,运算方便、可检验,根据这些优点,在无法使用回归分析预测的情况下,为能源供给预测可以将 GM(1,1) 模型作为补充模型进行应用。

下面具体阐述灰色 GM(1,1) 模型。

灰色 GM(1,1) 模型是将一规律性不甚明显的离散序列 $\{X^{(0)}(i)\}, i=1,2,\cdots,n$,用累加变换成近似地按指数规律变化的生成系列:

$$\{X^{(1)}(i)\} = \sum_{k=1}^{i} X^{(0)}(\kappa), i = 1,2,\cdots,n \tag{3.4}$$

然后用生成系列构造灰色常微分方程:

$$dP(X) + aP(X) = \mu \tag{3.5}$$

上式中 $dP(X)$ 是灰导数,$P(X)$ 是灰数,且:

$$P[X(i)] = \frac{1}{2}[X^{(1)}(i) + X^{(1)}(i-1)]$$

$$dP[X(i)] = X^{(1)}(i) - X^{(1)}(i-1)$$

分别表示第 i 点的灰数值和灰导数值,则(3.5)式可变成:

$$X^{(1)}(i) - X^{(1)}(i-1) + \frac{1}{2}a[X^{(1)}(i) + X^{(1)}(i-1)] = \mu,$$
$$i = 1,2,\cdots,n \tag{3.6}$$

由(3.4)式可知:

$$X^{(1)}(i) - X^{(1)}(i-1) = X^{(0)}(i) \tag{3.7}$$

于是有:

$$X^{(0)}(i) + \frac{1}{2}a[X^{(1)}(i) + X^{(1)}(i-1)] = \mu \tag{3.8}$$

记:

$$Y_n = \begin{bmatrix} X^{(0)}(2) \\ X^{(0)}(3) \\ \cdots \\ X^{(0)}(n) \end{bmatrix}, B = \begin{bmatrix} -\frac{1}{2}[X^{(1)}(2) + X^{(1)}(1)]1 \\ -\frac{1}{2}[X^{(1)}(3) + X^{(1)}(2)]1 \\ \cdots\cdots \\ -\frac{1}{2}[X^{(1)}(n) + X^{(1)}(n-1)]1 \end{bmatrix}, \alpha = \begin{bmatrix} a \\ \mu \end{bmatrix}$$

则(3.8)式可写为：

$$Y_n = B\alpha \tag{3.9}$$

故

$$\alpha = (B^T B)^{-1} B^T Y_n \tag{3.10}$$

灰色常微分方程的解为：

$$X^{(1)}(t) = \left[X^{(0)}(1) - \frac{\mu}{a} \right] e^{-a(t-1)} + \frac{\mu}{a} \tag{3.11}$$

对(3.11)式解得的 $X^{(1)}(t)$ 作累加生成可得原系列的平滑值 $X^{(0)}(t)(t \leqslant n)$ 和预测值 $\hat{X}^{(0)}(t), t > n$。

$$\hat{X}^{(0)}(t) = X^{(1)}(t) - X^{(1)}(t-1) \tag{3.12}$$

其中, t 为正整数。

由于 $X^{(0)}(1)$ 作为灰色常微分方程的初始条件,方程中有两个待辨识参数 a 与 μ (由 α 求得),由最小二乘法的要求可知原始数据个数 n 必须大于或等于4。

除了 GM(1,1)模型外,有时为了校验比对预测结果的准确性,研究者也常常采用趋势预测法,就是把时间作为自变量,相应的序列观察值即能源供给量作为因变量的函数的模式。具体来说,如果需要预测的对象随着时间的变化而呈现某种上升或下降的趋势,并且这种变化不存在明显的季节波动,就可以用一条合适的函数曲线来反映这种变化趋势,因此可以用时间 t 作为自变量、时序数值 y 作为因变量来建立一个趋势预测模型: $y = f(t)$。

常用方法有趋势拟合法(线性拟合和非线性拟合)和平滑法。这两种方法使用 Eviews 6.0 软件可以很容易地完成简单的预测工作。

(二)能源系统分析法

1. 系统动力学模型

基于能源系统的预测法是在综合考虑能源资源、能源需求、能源运输、能源投资、生态环境等因素的条件下,提出若干个可行方案,然后按照给定的评价准则,通过系统分析,优选出在技术上可行、经济上合理和社会上可接受的能源供给方案。该方法主要运用系统动力学理论。系统动力学是："一门分析研究信息反馈系统的学科,也是一门认识系统问题和解决系统问题的交叉综合学科。从系统方法论来说,系统动力学是结构的方法、功能的方法和历史的方法的统一。它基于系统论,吸收了控制论、信息论的精髓,是一门综合自然科学和社会科学的横向学科。"[①]

能源供给和能源消费动态分析模型的构建可以说是以系统动力学方法为基础的。国外学者认为系统反馈控制理论是系统动力学的基础,其主要手段是采用计算机仿真技术对系统发展动态行为进行定量地研究。而在国内的学者看来:"系统动力学是一门分析研究信息反馈系统的学科,是一门探索如何认识和解决系统问题的学科,是一门交叉、综合性的学科。"对于短期预测来说,系统动力学方法存在着分析过程复杂、工作量大的缺陷,更主要的是要求分析人员必须具备较高的能力,这样看来短期预测并不适用于采用系统动力学方法。而对于长期预测,其优势十分明显。

基于系统动力学和系统思考的基本理论及方法是构建系统模型的基本依据,在构建模型时必须遵循一定的原则,在这里主要指:遵循系统的整体性、复杂性、层次性等;明确所要解决的矛盾与问题;建模时要对系统的主导反馈结构进行提炼。具体建模步骤包括以下几方面的内容。

(1)确定目标(focus the effort)

对于所要分析的问题分析人员在构建模型之前必须设定简单的目标,具体来说可以有范围的大小、需要解决什么问题、对于变量之间的反馈关系能够准确反馈出来,并将其系统结构的反馈环路图构建出来。

(2)构建高层结构图(mapping)

由子系统(或一些关键因素)组成的图形就是高层结构图。

---

① 周东. 能源经济学[M]. 北京:北京大学出版社,2015,第103页

在这一所要分析的系统进行划分,使其由若干子系统组成,紧接着找出每个子系统中的关键因素。这里需要注意的是子系统的数量是有一定要求的,不要太多。

（3）构建系统详细结构图（modeling）

在前面步骤的基础上对模型进行细化,主要依据是变量之间的反馈关系及系统结构,具体来说细化模型的具体内容包括对子系统之间的各种关系进行连接,定义和初始化变量,并进一步对变量之间的关系进行重新定义等。对存量与流量之间的关系进行确定之后,给出各变量之间的代数方程,得出参数赋初值并进行初始化运算。

（4）仿真运行（simulation）

建立系统的数学模型和结构模型是进行系统仿真的基本方法,在此基础上找到合适的计算机编程并将系统仿真转换为仿真模型,并对其进行仿真实验。

（5）扩展模型（change）

主要是在解决实际问题方面模型发挥多大程度的作用。其中,深度扩展（intensive）是看模型中是否有足够充分的流量的代表性,或者是有没有考虑到一些细节性的问题和变量。广度扩展（extensive）更为关注的是否有足够全面的模型包括的范围,能否在普遍意义上解决相关问题。

2. 案例分析:中国煤炭供应能力的系统动力学预测模型

根据对煤炭工业系统运行的主要影响因素,国内煤炭保有储量、国有煤炭生产能力情况、煤炭采选业投资以及新建矿井投产使用分析,绘制国家煤炭生产供给系统流图（图3-2）。作为一个动态系统,煤炭生产系统是不断变化的,随着新建矿井的投产使用,国有煤矿生产能力不断增大,但是现实情况中矿井报废的情况时有发生,从而也在一定程度上降低了国有煤矿生产能力。对于一些影响煤炭系统的外生力量主要包括煤炭需求量和国家宏观经济政策的变化。

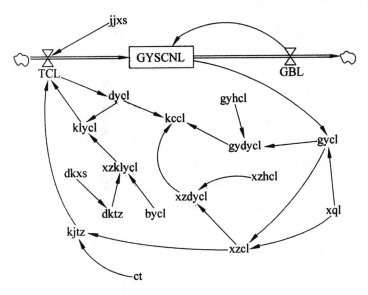

图 3-2 煤炭供应系统流图

根据图 3-2 流程图，建立以下煤炭生产—供给系统方程。

（1）国有煤矿生产能力方程：

$$\text{GYSCNL}[i] = \text{GYSCNL}[i-1] + \frac{\text{TCL}[i] - \text{GBL}[i]}{10000}$$

$$(3.13)$$

（2）近期可利用建井储量方程：

$$\text{klycl}[i] = \text{klycl}[i-1] + \text{xzklycl}[i] - \frac{\text{dycl}[i]}{10000} \quad (3.14)$$

（3）续建中矿井生产能力方程：

$$\text{xjl}[i] = \text{xjl}[i-1] + \text{njl}[i] - \text{TCL}[i] \quad (3.15)$$

（4）新增可利用建井储量方程：

$$\text{xzklycl}[i] = \frac{\dfrac{\text{dktz}[i] - 4315.7}{261.8}}{10000} \quad (3.16)$$

（5）国有煤矿矿井建设投资计算方程：

$$\text{kjtz}[i] = 18274855.73 \times \text{ct} + 11.17838198 \times$$
$$\text{xjl}[i] - 369583.0352 \quad (3.17)$$

(6)新开工矿井方程:

$$njl[i]=\min(\frac{kjtz[i]-29.18\times xjl[i]}{43.44},\frac{klycl[i]\times 10000}{jjxs})$$

$$(3.18)$$

(7)投产工程:

$$TCL[i]=0.4\times njl[i-10]+0.3\times njl[i-9]+$$
$$0.2\times njl[i-8]+0.1\times njl[i-7] \quad (3.19)$$

(8)已利用建井储量的剩余可开采储量工程:

$$kccl[i]=kccl[i-1]+\frac{TCL[i]\times jjxs}{10000}-\frac{gydycl[i]+xzdycl[i]}{10000}$$

$$(3.20)$$

(9)资源消耗工程:

$$gydycl[i]=\frac{gycl[i]}{gyhcl}$$

$$(3.21)$$

$$xzdycl[i]=\frac{xzcl[i]}{xzhcl}$$

$$(3.22)$$

系统变量说明详见表 3-1。

表 3-1　系统变量说明

序号	变　量	变量含义	变量单位
1	GYSCNL	国有煤矿生产能力	亿吨
2	TCL	当年国有煤矿投产量	亿吨
3	GBL	国有煤矿当年报废生产能力	亿吨
4	bycl	保有储量	亿吨
5	kjycl	近期可利用储量	亿吨
6	dkxs	地质勘探投资系数	无量纲
7	dktz	地质勘探投资	万元
8	xzklycl	新增可利用储量	亿吨
9	jjxs	建井系数	无量纲
10	ct	煤炭采选业投资因子	无量纲
11	kjtz	矿井建设投资	万吨

序号	变量	变量含义	变量单位
12	njl	新开工矿井生产能力	万吨
13	dycl	新建矿井动用储量	万吨
14	kccl	可开采储量	亿吨
15	xjl	续建中矿井生产能力	万吨
16	xql	煤炭需求量	万吨
17	gycl	国有煤矿煤炭产量	万吨
18	gyhcl	国有煤矿回采率	无量纲
19	gydycl	国有煤矿动用储量	万吨
20	xzcl	乡镇煤矿煤炭产量	万吨
21	xzhcl	乡镇煤矿回采率	无量纲
22	xzdycl	乡镇煤矿动用储量	万吨

在应用所建的系统动力学模型进行模拟分析之前,需要对模型的真实性和有效性进行检验,只有检验合格后的模型才具有应用价值。系统动力学模型检验一般分以下两步:(1)再次确定模型所包含的变量与反馈回路是否足以描述所面向的问题,以及是否符合预定的研究目的,各变量的量纲是否正确等;(2)对系统参数进行赋值,然后选取系统中最有代表性的变量作为模型的检验变量。比如,上述模型中可选择国有煤矿产量和矿井建设投资两个变量作为检验变量。将这两个变量的系统模拟值与历史实际值进行比较,计算二者的绝对误差和相对误差,误差较小,说明系统是有效的。

模型通过了检验后,即可根据研究目的,设计不同的方案,运用模型进行模拟运算,比较方案的优劣,并做出选择。例如,在上述煤炭生产供应系统动力学模型中选择煤炭采选业投资因子(ct)和地质勘探投资系数(dkxs)作为调控参量,设计若干种不同的投资方案,并根据模型模拟结果,对不同情景下的投资方案进行选择。

（三）能源储量分析法

根据已经探明和未来可能发现的可供开发的能源储量,并考虑到能源生产的寿命和周期特点等来推测未来的一次能源的可能供应量的方法,就是能源储量分析法。

针对例如煤炭、石油、天然气或页岩气等矿产资源的储量,在矿产资源开发的不同阶段要运用不同的储量计算方法。一般在勘探的初级阶段主要用类比法和体积法计算资源储量;投入开发后,用产量递减曲线法或油气藏模拟法计算油气储量;投入开发的油气田每年或每两年或三年用产量递减曲线法计算油气储量的变化。这里简单阐述一下开发初期的类比法和正常投产后的产量递减曲线法。具体来说,勘探初期使用的类比法主要用于新区、气田开发前和生产早期的资源评价。因为在资源勘探前期和初期,地质资料相对较少,一般通过野外地质调查,借鉴参考常规油气勘探开发中的相关资料和数据来预测该区域资源的储量。产量递减曲线法适用于气田开发中后期,以大量的生产数据为基础,从生产历史曲线上建立生产下降的趋势,并设计出未来的生产趋势,直至气田的经济极限,从而估算出资源储量。

下面介绍运用能源储量分析法预测石油储量的代表理论:石油峰值理论。

1. 石油峰值理论的起源

1949 年,美国著名石油地质学家哈伯特(Hubbert)通过对矿物资源的研究发现了"钟形曲线"规律,这也是"石油峰值"理论的最早提法。哈伯特通过对 1956 年及以前的石油产量数据分析客观地分析,预测出 1969—1971 年间将会是美国石油产量达到高峰的时间,并且在经历这一段时间后美国石油产量将会迅速下降,其速度与上升期是相同的。1970 年美国石油产量达到峰值,具体来说为 5.3084×10^8 吨。至少在 1955—1976 年间近乎完美的"钟形"(图 3-3)是这一时期美国石油产量曲线的主要表现。哈伯特认为:"石油作为不可再生资源,任何地区的石油产量都会在某个时刻达到最高点(峰值),达到峰值后该地区的石油产量将不可避免地开始下降。"[①]哈伯特这一论述可以说是石油峰值理论的核心。在此基础上,对于石油峰值的研究爱尔兰地质学家坎贝尔(Campbell)进行了发展。他继承了哈伯特的理论,成立了石油峰值研究会(ASPO)继续对石油峰值进行研究。1998 年,在油价还十分低迷的时候,他发表了《廉价石油时代的终结》,文章论述了廉价石油时代必将终结的结论。

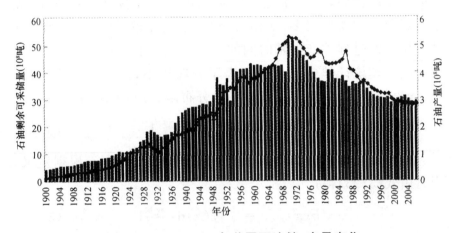

图 3-3　1900—2006 年美国石油储、产量变化

在石油峰值理论研究方面,中国学者也相继做出了很大的努力,并取得了一定的研究成果。其中中国著名地球物理学家翁文波先生对此就做出了开创性的工作。他在 1984 年出版的专著《预测学基础》中提出:"任何事件都有'兴起—成长—鼎盛—衰亡'的自然过程,油气的发现也有类似的规律。"在这一理论思想的基础之上,泊松旋回(poisson cycle)模型得以提出。这一模式又被称为翁氏模型,对于中国国内来说是第一个预测油气田储量和中长期产量的预测模型,其用途主要预测某一油区、国家或组织全过程的产量。

---

① 陈柳钦.破解"石油峰值"论[J].产权导刊,2012(12)

在翁院士的预测理论基础上，以陈元千教授为代表的学者继续进行科学研究，并在油气田储量、产量预测及中长期规划方面广泛应用翁院士的预测理论。1996 年，建立在翁氏模型的理论推导最终由陈元千教授完成，求解非线性模型的线性试差法被提出。

2. 石油峰值预测模型

第一，石油峰值定量研究的基本思想。

西方国家各大石油公司将概率统计法广泛应用于含油气地区的早期勘探阶段，特别是石油资源评价。在数理统计学中，属于连续分布的模型很多，如伽马分布、正太分布、贝塔分布等。在油气田开发过程中产量随时间的变化呈现以下分布特点。

在数理统计学中，以 $f(x)$ 表示分布概率，或称为分布密度。那么，累计概率（或称为累计频率或分布函数）则表示为：

$$F(x) = \int_0^\infty f(x)\mathrm{d}x = 1 \tag{3.23}$$

式中，$F(x)$ 代表累计概率；$f(x)$ 代表分布概率。根据定义，当时由式（3.23）得：

$$F(x)_{x\to\infty} = \int_0^\infty f(x)\mathrm{d}x = 1 \tag{3.24}$$

对于开发的油气田，累计产量与产量的关系为：

$$N_p(t) = \int_0^\infty f(x)Q(t)\mathrm{d}t \tag{3.25}$$

式中，$N_p(t)$ 为到 t 时间的累计产量；$Q(t)$ 为到 t 时间的产量。当时，$Q(t)\to 0$，根据式（3.25）得到：

$$N_p(t)_{t\to\infty} = \int_0^\infty Q(t)\mathrm{d}t = N_R \tag{3.26}$$

式中，N_R 为资源可采储量。将式（3.26）两端同时除以 N_R，同时引入累计概率 $F(t)$，得到：

$$F(t)_{t\to\infty} = \frac{N_p(t)_{t\to\infty}}{N_R} = \int_0^\infty \frac{Q(t)}{N_R}\mathrm{d}t = 1 \tag{3.27}$$

由式（3.24）和式（3.27）可以得到：

$$f(x) = \frac{Q(t)}{N_R} \tag{3.28}$$

若将不同分布模型的分布变量由 x 改为 t，那么分布概率 $f(x)$ 和可采储量 N_R 的乘积就是预测的变量：

$$Q(t) = N_R \cdot f(t) \tag{3.29}$$

第二，石油峰值模型简介。

假设是由开采量和储量的关系如式（3.29）所示，如果 $f(x)$ 为正态分布，则开采曲线高度（开采率）为：

$$\beta = \frac{Q_t}{N_R} = f(t_1) = \frac{1}{\sqrt{2\pi}\sigma} e^{-\left(\frac{t_1 - T}{\sigma}\right)^2} \tag{3.30}$$

其中，假设峰值在 T 时到达，设：

$$\sigma = \frac{t_1 - T}{z_a} \tag{3.31}$$

对式（3.29）求解可以得到峰值达到的时间为：

$$T = t_1 - \frac{z_a}{\beta} \frac{1}{\sqrt{2\pi}\sigma} e^{-z_a^2} \tag{3.32}$$

哈伯特最初估算美国的石油产量峰值是以图示法为基础得到的，后来利用实际资料拟合逻辑斯谛曲线（logistic curve）从而形成哈伯特模型，模型方程为 $Q_t = \overline{Q}/(1 + \alpha e^{-\beta})$。其中，$Q_t$ 是 t 时累计的探明储量或累计产量。$\overline{Q}$ 是最终的可采储量。t 是从起始点 t_0 算起的时间。α 和 β 是参数。当 α 和 β 都估计出来之后，经过简单的数字处理，哈伯特发现油田产量随着开采年龄变化形成一条峰度明显的钟形曲线，即哈伯特曲线。

研究石油折耗和石油产量的长期估计是石油峰值理论研究的主要内容。对于石油峰值理论来说，研究一个单独油田或一个地区的油田都是适用的。可以说，对于储量、产量及各作业量的研究，石油峰值理论运用全新的视角对其进行解读，是当前国家石油政策问题能够合理解决的理论基础，是确定国家石油安全战略的基石。从现实意义上来看，开展石油峰值理论的研究具有非常重要的现实意义，主要表现在可以广泛应用于石油公司进行油田开发规划以及成本预测、现代石油战略以及国家制定能源战略等方面。

第三节　可耗竭资源的供给模型理论

一、可耗竭资源供应体系及其构成

可耗竭资源是指人类开发利用后,在相当长的时间内,不可能再生的自然资源。它主要指自然界的各种矿物、岩石和化石燃料,例如煤炭、石油、天然气、金属矿产、非金属矿产等。

由于可耗竭资源具有不可再生性,开采时必须遵循以下原则。

(1)使用先进技术,提高资源利用效率,降低能耗。

(2)综合开发利用自然资源。由于可耗竭资源具有伴生性特点,因此在利用某种能源资源时,不能只开发利用主矿,还应特别注意伴生性能源资源的利用。

(3)对于可耗竭资源,应注意节约使用,尽最大可能延长这类能源资源的利用年限。

能源供应体系不仅是一个生产系统,而且是一个环境系统、经济系统和安全系统,包括以下几方面的协调关系:能源开发、加工转换、运输储备各环节能力的协调和匹配;能源品种结构供需的平衡及各品种的优先发展顺序;能源产、供、需各个环节的能源技术投入、能源环境保护、能源安全措施等统筹安排与有机联系;合理的能源价格及在上下游之间、能源品种之间具有合理的比例关系。

能源供应体系由四部分组成,分别为能源供应的生产运输体系、能源供应的安全保障体系、能源供应的清洁体系和能源供应的价格体系。

能源供应的生产运输体系是指与能源供应有关的生产运输形态,包括与能源生产有关的固定资产、基础设施等。其静态形式表现为能源资源及其生产能力、运输能力。从动态角度看,能源投资和能源技术进步会形成新的能源生产能力,对改善能源供应的基础设施、能源生产能力、运输能力等具有重要作用。

能源供应的安全保障体系是能源供应不可缺少的重要环节。能源安全风险可分为外部风险、内部风险和不可抗力风险。外部风险是指对进口能源的依赖而产生的风险,如进口中断导致国内能源短缺,国际能源价格异常波动对国内能源市场的冲击等。内部风险是指能源供应系统内部存在的风险,其中包括重大生产事故对能源供应和环境产生的负面影响。不可抗力风险主要是指自然灾害对能源供应的破坏性影响。

能源供应的清洁体系是指对能源供应的全过程中可能产生的环境污染、污染物排放进行预防控制和清洁化处理,为整个经济社会提供清洁能源。能源供应的清洁化实际上包括"事先处理""过程处理"和"事后处理"三层含义。发展清洁可再生能源就是"事先处理",从根本上消除污染物的排放。而在化石能源仍占主要地位的阶段,"过程处理"和"事后处理"对能源供应的清洁化具有重要作用。

能源供应的价格体系是指在充分发挥市场机制和价格机制的作用,在能源生产运输和销售、服务各个环节上形成合理的比价关系,促进能源的协调发展的同时,通过适当的价格干预,充分反映优先发展的能源行业和能源品种,加快发展清洁可再生能源,优化能源结构,正确引导能源消费和先进效能技术的应用与推广,以经济手段引导能源与经济、社会的协调发展。

二、关于可耗竭资源开采速度的霍特林模型

霍特林对可耗竭资源在当前开采和未来开采之间的选择做了极具启发性的研究。假定一个自然资源的拥有人可以无限制地进入资本市场,他的行为选择受两个因素的影响:拥有资源的价格预期上涨率 $\dot{p}$ 和他在资本市场上无限制地进行借贷的收益率 π。对于他所拥有的资源,他可以在当前开采并按当前的市场价格出售,并将所得资金在资本市场上贷出得到 π 的收益率,但

他留在地下部分的资源也将按多的比率增值。因此,当技术条件合适时,使资源所有者愿意以最大的耗竭速度进行资源开采的条件将是:

$$\dot{p} \leqslant \pi \tag{3.33}$$

当此条件和当前资源市场的需求及未来资源市场的需求联合时,将决定当前的资源价格、随时间推移而出现的价格变化和资源耗竭的时间进度。

该过程将按如下的机制进行:假定资源所有者一开始面对的当前资源价格为 P_t,并预期未来的资源价格为 P_f(该价格的决定或许是由未来对能源需求增大所致或者由资源的开采成本上升所致。因为任何资源的开采总是遵循从低成本向高成本发展的规律),则两期价格之间存在如下的关系:

$$P_t(1+\dot{p}) = P_f = P_t(1+\pi) \tag{3.34}$$

当这种均衡关系不成立时,例如当前开采资源所获收入在资本市场投资,一年后的价值比留有资源在地下待明年开采所获收益高时,资源的拥有者将会扩大当前的开采使之达到技术所容许的速度。但这将使当前市场上该资源的供应增加,价格下降,如果可能,直到式(3.34)成立为止。相反,如果当前价格与未来价格之间的差别 $\dot{p}$ 太大,资源的拥有者可能会减少资源的供应,因为将资源留待未来开采将更有利可图,但当前对该资源的市场需求取决于当前的经济发展状况。供给的减少必将使当前的资源价格上涨,提高 P_t,缩小 $\dot{p}$,使式(3.34)再次成立。

霍特林模型是一个简单的模型,生产者根据对未来价格的预期和地质信息来决定对已知资源的跨期分配,假定资源的存量不会发生改变并且开采技术不会变化。在现实世界中,未来的价格 P_f 是不确定的,取决于各决策者的预期,并且收益率 π 的判断也因人而异,因此资本市场上实际收益率为负的情况并不少见。而且,在任何时点上,总会有人发现自己的生产成本已等于边际收益,而有些人的成本则处于边际收益以下,两者都会随时调整自己的生产决定,并导致市场供给的变动和随后的价格调整。未来的价格会受到未来资源需求和供给的变化。对于能源而言,未来的能源需求可能会由于人们的节能措施而下降,能源供给则可能由于新资源的开发而增加。如核能进入发电领域,补充了化石能源供应的不足,未来的能源价格比预期的可能要低。

对于存留在地下的资源来说,其所获得的收益不是资源出售的所得,必须扣除大量不可避免的可变成本和固定成本折旧。因此,在霍特林模型中决定资源开采数量的不是资源的价格,而是资源开采的净收益——经济学家所谓的"准租金"。霍特林模型需要做出修正,对此,Krautkraemer 和 Toman 做了系统的总结。

在对能源的经济学分析框架中,生产者最大化的目标应该是当"等边际"原则成立时的净现值,即要求从资源开采和销售中所获得的"边际净收益"现值在每一期都相同。用数学公式来表示:P_t 表示当前 t 期能源资源的市场价格,开采的数量为 q_t,开采的成本为 $C'(q_t)$,符合边际成本上升的原则,δ 为折现率,在等边际原则条件下得:

$$P_0 - C'(q_0) = \frac{P_1 - C'(q_1)}{(1+\delta)^2} = \frac{P_2 - C'(q_2)}{(1+\delta)^2} = \cdots$$

$$= \frac{P_t - C'(q_t)}{(1+\delta)^t} = \cdots = \lambda \tag{3.35}$$

其中 λ 表示边际净收益现值,反映出一个资源所有者如果扩大资源存量所可能享受的净现值增长。在对可耗竭资源的分析中也被称为"使用者成本"或者"稀缺租金"。

于是,在任何时点上,对于资源的价格有:

$$P_t = C'(q_t) + (1+\delta)^t \lambda \tag{3.36}$$

并且对于任何连续的时点:

$$\frac{P_{t-1} - C'(q_{t-1})}{(1+\delta)^{t-1}} = \frac{P_t - C'(q_t)}{(1+\delta)^t} \tag{3.37}$$

式(3.37)所隐含的意义就是"霍特林"原则。该原则表明:(1)在任何时间点上,增加开采的边际收益等于开采的全部机会成本,该机会成本包括未来因资源缺失而导致的损失(仅资源所有者的损失,而非 GDP 损失)和因边际成本上升而造成的损失;

（2）当前保留资源的收益率等于折现率，这与资产市场上均衡的条件相一致。如果持有一种资产的收益与持有另一种资产的收益率不同，则市场不会均衡。

三、霍特林模型的扩展

随着现有能源资源的开采和逐渐耗竭，其开采成本逐渐升高。在市场能源需求的推动下，价格也逐渐升高，原来高成本的能源资源也进入了经济可行性的行列。因此，能源的异质性，至少随着开采成本上升而表现出来的异质性，成为考察能源供给的因素之一。在能源的异质和能源资源的不完全耗竭情况下，式（3.35）到式（3.37）将不再适用，人们将不得不调整等边际原则。

定义一个开采成本的函数 C_{q,R_t}，其中 R_t 代表尚未耗竭的剩余资源。以剩余资源量的不同来表示能源资源的异质性，虽然不太准确，但却是一种有效的捷径。于是，对模型的修正如下：

$$P_t = C_{qt} + (1+\delta)^t \lambda_t = C_{qt} + \sum_{s=t+1}^{T} (-C_{Rs})(1+\delta)^{t-s}$$

（3.38）

在式（3.38）中，C 的下标 q 和 R 表示随着资源的耗竭而导致的成本的上升。λ_t 项表明，随着将来资源的耗竭，未来的开采成本也将上升，从而资源稀缺性所体现出来的使用者成本也相应上升。将式（3.38）变形：

$$P_t - C_{qt} = (1+\delta)[P_{t-1} - C_{q,t-1}] + C_{Rt} \qquad (3.39)$$

式（3.39）表明，随着资源量的增加，开采成本下降。证明由于资源耗竭而引起的净收益增加将低于折现率，不会导致资源所有者保留资源而不开采，这也解释了在石油大发现时期 OPEC 组织成立以协调石油生产国竞争性开采的原因。

该方法用于描述资源耗竭的问题是有效的。在正常的情况下，如果存在许多能源矿藏，最优的开采顺序将是由低成本向高成本进行开采。低成本矿藏的使用者成本是高的，但在转移过程中，边际开采成本加上使用者成本的总和是相同的，这意味着资源价格上涨的速度低于转移过程中的折现率。当边际开采成本随着开采速度而增加或者开采能力固定时,同时从不同的矿藏中开采将是最优的。实际上当前石油开采的模式与先低成本后高成本的顺序是相悖的。中东地区的石油开采成本要远低于其他地区的,这种简单地将资源存量纳入开始成本的模型简化过度,而忽略了一些重要的区别。在石油领域,这种现象被 OPEC 滥用市场权力控制石油生产额度而提高价格的行为进一步复杂化。过高的价格激励了高成本的石油矿藏也开始生产。

能源勘探对于增加各国能源储量是必需的。勘探也是一种经济行为,其符合边际收益与边际成本对等的原则。Pindyck 将勘探纳入霍特林模型进行了研究。在能源研发方面的支出,降低了能源公司当前的利润水平,但却增加了公司能源储量的价值,可以在将来获得更多的利润。勘探的边际收益并不是新发现的资源量,而是来自于开发成本不大于当前消耗中资源开采成本的储量。而勘探的机会成本则是它降低了更有价值的其他勘探机会,使将来对这些地区进行勘探的成本将会更高。因此,勘探效率对于平衡勘探的边际成本与边际收益具有重要的作用。综合这些因素,得到关于能源资源价格的公式:

$$\text{价格} = \text{边际采掘成本} + \text{采掘的使用者成本} \qquad (3.40)$$
$$= \text{边际采掘成本} + \text{发现新资源的直接边际成本}$$
$$+ \text{减少长期开发的使用者成本}$$

式(3.40)中采掘的使用者成本是现存资源的耗竭成本,只有当模型中的采掘成本不断上升时才会被弥补。边际采掘成本和发现新资源的边际直接成本的总和,衡量了使用和替代当前储量的成本,但它忽略了因为资源的耗竭而产生的长期开发的使用者成本。

第四章　能源市场效应与资源配置分析

　　能源市场作为市场经济的重要组成部分,在经济发展和社会生活中发挥着重要的作用。在市场经济条件下,市场调节作为调节经济发展的主要方式,其地位和作用必须得到尊重和保障。能源作为国家和社会发展的基础,在国家战略层面具有重要的意义,我们必须明确认识能源的市场效应及其对市场资源配置的作用,才能更好地利用市场效应保障我国的能源供应和能源经济的顺利发展。

第一节　能源市场均衡与非均衡性分析

一、能源市场均衡分析

(一)能源市场均衡的含义

　　能源资源的配置是通过能源市场来实现的。能源市场可以简单地理解为通过能源的供给与需求运动,实现能源资源配置的机制和形式。

　　经济学上的市场均衡指的是某一经济系统所受外力既定且相互平衡时的状态,即均衡状态。其包括以下两方面含义。

　　第一,对立的力量(供求)在量上处于均等状态,即变量均等。

　　第二,决定供求的任何一种力量不具有改变现状的动机和能力。

　　因此,能源市场均衡就是能源市场上供给与需求在量上处于均等,且供给与需求任何一方不具有改变现状的动机和能力时的状态。能源市场的均衡分析,是通过揭示能源市场中有关经济变量之间的关系,说明实现能源市场均衡的条件以及调整手段等。

能源市场均衡按照均衡市场覆盖的范围,分为单一品种能源市场均衡、多品种能源市场均衡和能源—经济—环境系统均衡。

(二)单一品种能源市场均衡

局部均衡是用来分析单个市场、单个商品价格与供求关系变化的一种方法。它假定其他条件不变时,一种商品(或一个市场)的价格只取决于它本身的供求状况,而不受其他商品(市场)的价格与供求的影响。例如,在考察石油市场时,假定石油市场价格由石油市场供需决定,而不考虑煤炭、天然气等其他能源品种市场供求、价格变化的影响。

当某种能源品种(或某个局部能源市场)的供给与需求在量上相等时,该能源品种市场(或该局部能源市场)便达到了均衡状态。由于能源市场是由多种能源品种构成,且各能源品种之间存在着相互替代性,因此,单一能源品种市场的均衡是短暂的、不稳定的,一旦与其相关的市场发生变化,均衡就有可能被破坏。

我们可以以国际原油市场为例,来对国际原油市场均衡的形成进行认识和分析。

传统经济学商品价格的形成是当该商品的供给等于需求时,市场达到均衡,由此供给(或需求)量所决定的价格就是该商品的均衡价格。在封闭的市场,且不存在库存的条件下,商品的供给量为产量,需求量为消费量。但由于石油市场受战争、意外事件的影响较大,战争和意外事件可能造成石油供应中断,由此对全世界经济生产产生较大的影响。所以现在很多国家都建立了相应的石油储备。由于存货的存在,当年的消费量不等于当年的石油需求量。当以往的一部分储备转化为供给时,当年的石油产量也不等于当年的供给量。所以考虑原油市场均衡,不能直接利用产量等于消费量关系式进行分析。如果将国际原油市场看作一个虚拟的商品市场,该市场的流入就是国际原油出口国的总出口,流出就是国际原油进口国的总进口,由于是虚拟市场,因此市场一定会出清,所以每年国际原油市场的总进口等于总出口。从这个角度来说,可将从国际市场的流出(进口)视为需求(包括当年的消费和储备),将流进(出口)视为供给,国际原油市场出清,意味着进口等于出口,此时国际原油市场达到均衡,以此为基础可以确定一个较为均衡的国际石油能源价格。在市场供给和需求函数中,变量的选择关系原油的价格,此外外在的因素也对原油的价格有很大的影响,在能源市场上,能源供给与需求实际上很难达到平衡。

我们可以通过构建原油需求和供给的计量经济模型来对能源市场均衡进行科学的分析和研究。

1. 原油的需求函数

$$\ln IM = a\ln PC + b\ln G + c\ln SO + d$$

其中,IM 为国际原油进口量;

$\qquad PC$ 为国际原油价格;

$\qquad G$ 为世界实际的 GDP;

$\qquad SO$ 为 OECD 国家石油储备量;

$\qquad a$ 为国际原油需求关于原油价格;

$\qquad b$ 为世界 GDP;

$\qquad c$ 为 OECD 石油储备的弹性;

$\qquad d$ 为常数项。

根据原油的市场价格机制我们可以知道原油价格上升,需求减少,即进口量与原油价格成反向关系;当世界经济处于积极的发展状态时,社会各个部门都不断扩大生产规模,从而导致能源需求的增大,原油的交易量越大,能源市场也就越活跃,我们可以看出,各国的石油需求与进口量与经济发展状态呈正向相关;同样,从石油供给方来说,由于市场需求的增加会增加石油的产量,来保证石油的出口不受影响,同时保证国内的原油需求,所以我们可以知道经济增长与 OECD 石油储备量负相关,而石油储备量与原油进口量是正相关的关系。即根据理论分析和弹性意义,可以初步判断 $a<0, b>0, c>0$。

2. 原油的供给函数

$$\ln PC = \alpha \ln EX + \beta \ln QO(-1) + \gamma$$

其中,EX 为国际原油出口量;

$QO(-1)$ 为 OPEC 上期原油产量;

α 为国际原油价格关于原油供给;

β 为和 OPEC 原油产量的弹性系数;

γ 为常数项。

对供给方程而言,国际石油的出口量增多,表示国际能源年市场的原油供应量的增多,根据市场经济规律,市场供给的增加会导致同类商品价格的下降,因此在这种情况下,国际油价会走低;反之国际原油的出口量减少,意味着国际原油市场上的供应量减少,在市场供需规律的作用下,国际原油价格会上涨。因此,国际原油价格和国际石油的出口量呈反向相关的关系。由于 OPEC 在国际石油市场上具有重要的地位,因此 OPEC 的原油产量策略和指标成为预测国际原油价格的一个重要指标。由于市场调节具有滞后性,因此价格在反映快速变化的市场供需时通常要以前一时期的供需关系为参考标准,从而我们可以知道 OPEC 的前一时期原油产量与当前的国际原油价格存在反向变动的关系。从理论上分析,初步判断 α、$\beta<0$。

3. 原油市场的均衡

$$IM = EX$$

这个公式的含义是国际原油市场总出口量等于总进口量,国际原油市场出清,供需达到了平衡,由此确定的价格即为原油市场均衡时的价格。还可以进一步利用模型分析各因素(自变量)变化对均衡价格和均衡数量的影响。

上面所作的分析只是对问题的一种简单化处理,实际问题要复杂得多,诸如国际石油市场的结构,OPEC 的生产行为,OECD 石油储备的使用机制等可能都会对实际的均衡产生一定影响。如 OPEC 通过对成员国产量实行配额方式管理,进而对 OPEC 总产量加以限制的产量政策,会对国际石油市场的均衡产生一定影响,可以简单进行如下分析。

首先,供求定理表示,在其他条件不发生改变的情况之下,需求的变动会在能源市场上引起一系列的变化,表现最为明显的就是市场均衡数量与均衡价格的变动,这种变动是同向的。供给的变化同样引发一系列的变动,此时均衡数量与均衡价格反向变动。

其次,石油输出国组织采用配额制方式,在成员国之间分配产量,限制国际石油市场的总产量,因为它们很清楚,在石油需求既定的情况下,控制产量就可以达到控制均衡价格的目的,如果它们认为均衡价格偏低,就会减产,削减各成员国配额,使均衡价格回升;反之,如果它们觉得市场均衡价格偏高,这样不利于 OPEC 成员国长期利益,它们就会要求成员国增产,促使石油价格上涨。限制石油产量的政策使供给曲线由 S_1 向左平移至 S_2,均衡点由 E_1 移动到 E_2,价格从 P_1 上升到 P_2(图 4-1)。

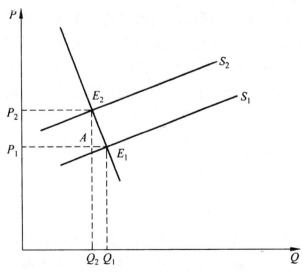

图 4-1 OPEC 限产政策对均衡的影响

最后,由于石油为各国的重要能源,其需求价格弹性较小,需求量的下降幅度会小于价格的上涨幅度,使得价格上升所造成的销售收入的增加量必定大于需求量减少所带来的销售收入的减少量,石油输出国组织的总收益将增加。在 OPEC 限产政策对均衡的影响中我们可以看出价格上升后,需求量由 Q_1 减少为 Q_2,但 $Q_2AE_1Q_1$ 小于 $P_1AE_2P_2$,即总收益增加。

因此,石油输出国组织通过限制石油产量,影响和控制石油市场均衡价格和均衡数量,达到保证各成员国石油输出收入的目的。

(三)多品种能源市场均衡

关于市场均衡分析比较经典与常用的方法是瓦尔拉斯的一般均衡分析方法。瓦尔拉斯(1834—1910)在 1874 年出版的《政治经济学概论》一书中,提出了一般均衡理论模型,该理论模型涵盖了整个经济体系中所有的商品及要素市场,并以各个市场同时达到均衡为目标,故称为一般均衡理论。瓦尔拉斯一般均衡模型只是理论模型,无法利用该模型对实际问题做具体明确的定量分析,后人在瓦尔拉斯一般均衡模型基础上发展起来的可计算一般均衡(CGE)模型是当前进行各种宏观均衡分析的常用数学模型。本节对能源市场的分析主要从供需平衡的角度进行。

多品种能源市场的均衡分析是就所有品种能源市场的供求和价格之间关系,及均衡问题进行的一种分析。均衡假设各种商品的供求和价格是相互影响的,一种能源市场的均衡只有在其他所有品种能源市场都达到均衡的情况下才可能实现。例如,国际石油市场达到均衡时,如果煤炭市场未达到均衡,假设供不应求,煤炭价格上涨,此时石油相对于煤炭来说变得比较便宜,由于煤炭和石油的互补性,必然有一部分煤炭需求转向石油,打破石油供需平衡,由于石油需求增加,从而导致石油价格上涨,均衡数量和价格将发生变化,只有当所有能源品种都达到均衡,且没有其他因素变化时,各能源品种数量和价格达到一种稳定状态。

多品种能源的一般均衡分析,是指各单一品种能源市场同时达到均衡,满足一般均衡的前提条件,其中主要包括:(1)能源经济系统中只存在唯一的一种信号,即能源价格。经济行为人都唯一地根据能源价格信号做出自己的行为选择。(2)每个经济行为人都能及时准确地获得完全信息。(3)从非均衡状态到均衡状态的调整在瞬间完成,即分析过程不涉及均衡状态的变化过程和达到均衡状态所需要的时间,这种分析方法称为静态均衡分析。

假设某一能源市场由煤炭、石油、天然气和电力(水电＋核电)四种一次能源构成,各能源品种的供给量既受自身价格的影响,同时还受其余三种能源价格的影响,以及受到价格以外其他变量的影响,公式如下:

$$S_i = f(P_i, P_j, X_i)$$

其中,S_i 为第 i 种能源的市场供给;

P_i 为第 i 种能源的价格;

P_j 为第 j 种能源的价格,$j \neq i$;

j＝煤炭、石油、天然气和电力(水电＋核电);

X_i 为除价格外的其他变量或一组变量构成的向量。

煤炭生产要素的价格、煤炭生产技术、政府对煤炭供给的相关政策等会对没煤炭的价格产生影响。同样地,设各能源品种的市场需求量函数为:

$$D_i = g(P_i, P_j, Y_i)$$

其中,Y_i 为除价格外影响第 i 种能源需求的其他变量或一组变量构成的向量,比如对煤炭来说,可以考虑煤炭利用技术、煤炭互补品(燃煤锅炉等)的价格、政府对煤炭利用的相关政策等。

只有当市场供需平衡,即满足 $S_i = D$,i＝煤炭、石油、天然气和电力时,由煤炭、石油、天然气和电力(水电＋核电)这四种能源品种构成的多品种能源市场才达到了均衡,由此决定的各能源品种价格为均衡价格,各能源品种供需量为均衡数量。只要影响这四种能源市场供需的任一因素发生变化,整个市场的均衡就会被破坏,市场参与主体根据各能源品种变化了的价格信号,对自己的行为作出调整,使所有能源品种重新达到供需平衡,市场迅速从原均衡状态进入一种新的均衡状态。

另外,还可以在上述的理论分析中,引入时间因素,进而考虑市场的动态均衡分析。

(四)能源—经济—环境系统均衡

对于能源市场而言,由于能源的资源属性、能源利用产生的外部性以及能源对经济生产的重要基础性,能源—经济—环境相互影响构成一个复杂的巨系统。全球能源—经济—环境系统的一般均衡分析是一项庞大的系统工程,其相互作用机制太复杂,影响因素太多,基本上无法达到各市场的全面均衡,即对全球能源—经济—环境系统进行一般均衡分析,从理论上来说几乎无法实现,从现实来说,这样的分析意义也不大。因此,关于能源—经济—环境系统分析,主要是在能源—经济—环境系统框架内,实现部分子系统均衡的分析。国际上一些大型的研究机构,组织和知名研究专家开发了大量的相关模型,这些分析大多数利用可计算一般均衡(computable general equilibrium,CGE)模型方法。

1. 可计算一般均衡(CGE)模型概述

顾名思义,可计算一般均衡(CGE)模型包括三层含义。

首先,一般均衡模型是"一般的",也就是说市场对经济主体的行为具有既定的约束设定。在一般模型中,消费者最大的特征是关注效用和价格,而厂商最大的特点是最大限度地降低经营的成本,扩大利润空间。除此之外,政府机关、社会公益机构等不同的市场主体都有各自的市场诉求,它们也会对市场价格的变动迅速做出反应和调整。从这一方面来说,价格是连接不同主体的调节纽带,在整个模型中占有重要的地位。

其次,它是"均衡的",这种均衡主要是从市场供求角度来界定的。我们知道在生活中很多交易的达成和市场价格的形成都是需求方和供给方商议调和形成,它既不会向着供给方的利益无限倾斜,也不会向着需求方的利益一直靠近,二者总体上处于一种均衡状体之中。

最后,它是"可计算的",这是相对于瓦尔拉斯最初提出的理论均衡模型而言,说明模型分析的可量化性。

计算一般均衡模型理论始于瓦尔拉斯,他用一组方程式表示该模型思想,但他没有给出均衡解存在性的证明。一般均衡理论模型解的存在性、唯一性和稳定性等问题直到 20 世纪 50 年代由阿罗和德布鲁(Arrow 和 Debru,1954)给予证明。1967 年 Scarf(1967)给出了一种整体收敛的算法计算不动点,从技术上使均衡价格的计算成为可能。正是 Scarf 的这种开创性工作使一般均衡模型从纯理论结构逐步转化为实际应用模型,并大大促进了大型实际 CGE 模型的开发和应用。特别是 20 世纪计算机的迅速发展,为建立大型 CGE 模型对相关问题的模拟分析提供了求解工具。如今一些建模软件,如 GAMS(general algebraic modeling system)、GEMPACK 等使 CGE 模型的开发者不需要掌握计算机编程知识和相关的模型求解的数学知识等就可利用这些软件的建模语言来实现自己的 CGE 模型。这不仅大大节省了开发者的时间和精力,也使 CGE 模型的开发者、应用者的范围大大地扩大了。

一般均衡理论的核心要义是:生产商在市场规律的调节下,根据利润最大化的原则生产产品,充分利用和发挥自身的特点,科学确定市场供应量;消费者根据自身的实际需求,在效用最大原则的基础上选择自己需要的产品,并确定自身的最佳需求量;均衡价格使供给与需求达到平衡,使资源得到合理的应用,使经济发展获得更加稳定的发展基础和状态。

从数学分析方法来看,我们可以对均衡性模型进行相互继承关系的研究。CGE 模型是以投入—产出模型内核为整个模型运作的基础,换个角度来说我们可以将其作为投入—产出模型的延伸和拓展。需要明确的一点是,虽然投入—产出模型与 CGE 有着密切的关系,但是它并不属于 CGE 模型,因为投入产出并不能真实地反映市场主体之间的行为以及经济运行的关系,它只是对规律性的市场经济特点进行了总结和深化,并不能反映主体行为对经济关系造成的后果。

早期的一般均衡模型主要有挪威科学家 Johansen 和美国科学家 Harberger 的两部门一般均衡模型,其中 Johansen 建立了第一个多部门内生价格的经验模型,该模型可以用来分析挪威的资源配置状况。无论从其涉及的应用领域还是理论深度来说,这都是一个规模宏大的应用模型,它涵盖了 20 多个成本最小化的经济产业和一个效用最大化的家庭之间的经济关系,能够通过其中某一个要素的变化来计算整个模型系统的变化。Johansen 理论上的创新,主要在于在他的模型中囊括了内生价格和替代效应这两个生产要素,他也被人们看作是从动态方面对一般均衡进行验证和总结的第一人,在经济学的发展历史上占有重要的地位。Harberger 构建的是一个一般均衡模型,这个模型可以用来计算模型体系中某个要素的扭曲对成本以及企业受益造成的影响,从而推测该因素的变化对整个经济系统所造成的影响。

CGE 模型的优点是它能够清晰地对微观经济结构和各个要素之间的关系进行衡量和测定,对不同微观要素之间的具体变化能够清晰地进行定量的描述;CGE 模型用非线性函数代替了传统模型中的线性函数,从而将更多不同的经济要素巧妙地融合进模型之中,使其应用领域更为广泛;CGE 模型还包含了在市场经济中通过各种政策工具和价格杠杆来对经济发展和资源配置进行调节的各种要素,这使其在实际应用中能够发挥出最大的作用。

近年来,有关我国 CGE 模型的开发研究比较多,他们开发了一些反映中国特色的 CGE 模型,如国务院发展研究中心的 DRCCGE 模型、社科院的 PRCGEM、CNAGE 模型、中国硫税 CGE 模型等。

2. 基于 CGE 模型的能源—经济—环境分析框架

CGE 模型继承了一般均衡模型分析的基本思想,因此,用于不同分析目的的 CGE 模型主体框架基本相同,只是对经济系统中部门划分的细致程度、建模假设,如产品生产结构、生产函数形式、模型闭合法则以及市场出清的范围等具体细节方面有所不同。这里简单介绍利用 CGE 模型进行能源—经济—环境系统分析的一般思路。CEEPA 模型考虑了 16 个生产部门(农业、钢铁工业、建材工业、化学工业、有色金属工业、其他重工业、造纸工业、其他轻工业、建筑业、交通运输业、服务业、煤炭采选业、石油开采业、天然气开采业、石油加工业、电力工业),2 类居民(城镇居民和农村居民),以及政府的经济行为,包括生产模块、收入模块、支出模块、投资模块、外贸模块、环境模块 6 个基本模块。

二、能源市场的非均衡性分析

(一)能源市场非均衡产生的缘由

传统的经济学通过瓦尔拉斯一般均衡模型对市场的均衡性和非均衡性进行分析,价格对供求关系具有很强的指示作用,因此从价格机制入手进行运作,能够对市场资源进行较为合理的配置。当市场的需求和供给处于不平衡的状态时,我们称之为非均衡市场。一般来说,造成市场不均衡的主要原因有以下四个。

(1)价格刚性:价格刚性是指在市场经济中,以利益为主要目标的市场主体,不会因为供需的波动而对产品的市场价格进行调整。

(2)在知识经济时代,信息是市场主体获得决策和竞争优势的重要手段,但是由于经济实力和技术水平的差距,市场信息的不对称性和不完整性就会逐渐显露出来,对企业的市场决策造成影响。

(3)信息成本是企业重要的成本组成部分,企业的供求决策必须要将这个成本考虑进去。

(4)任何事情的发展都是不确定的,这也是市场不均衡形成的重要原因。

由于存在价格刚性,因此即使市场出现不均衡的状况,行为人也不一定能够从价格的变化当中来对市场供求进行准确的判定,这时行为人需要更多的数据要素,如资源数量、销售状况等数据对市场供需的实际状况进行认识和分析。

能源市场是典型的不均衡市场,能源市场的不均衡性主要可以从三个方面来进行总结和概括。

1. 能源市场结构

市场结构是指某个产业的供应商之间以及供应商与消费者之间的相互关系和形式,其核心的内容是市场竞争与垄断经营之间此消彼长的相互关系。市场结构会对市场主体的行为产生直接的作用和影响,而市场主体的行为又会对市场均衡和运作产生影响,因此市场结果会间接对市场均衡产生影响。无论是市场作用形成的垄断,还是人为原因形成的垄断,企业为了追求利润会减少市场供给,抬高产品的价格,侵害消费者的利益,扰乱正常的市场秩序,引起市场资源配置的混乱。

国际能源市场经过多年发展,逐渐形成了一些具有垄断性质的国际能源合作组织,其中,最重要的两个组织是石油输出国组织(Organization of the Petroleum Exporting Countries,OPEC,中文翻译为欧佩克)和国际能源机构(International Energy Agency,IEA),分别处于能源市场上供给方与需求方的位置上。

IEA 要求其 26 个成员国必须建立至少 90 天的石油储备,并在国际石油市场出现明显的供不应求时通过统一行动,释放石油储备,对国际石油市场施加影响。

OPEC 和 IEA 均具备一定的,在短时期内改变市场供求格局的能力,从而改变人们对能源价格走势的预期。

从国际能源市场整体看,不同能源品种市场化程度不同,市场结构差别较大。煤炭由于市场区域性较强,各区域市场中市场化程度相对较高,竞争比较充分。其市场结构可以近似看作完全竞争市场。

国际石油市场发展只有 100 多年历史,市场结构演变大致经历了四个阶段。"二战"以后到 1960 年,欧美石油公司利用国家殖民力量与石油资源国签订对石油资源的长期租用契约。这些代表西方国家利益的石油公司在国际石油市场上处于寡头垄断地位。1960—1973 年,产油国纷纷建立国家石油公司,市场中生产者数量增加,同时,产油国石油公司在与西方大石油公司的谈判中逐步获得主动,最终 OPEC 获得石油标价控制权,这个阶段的国际石油市场结构为垄断性的竞争市场;1974—1986年,中东禁运后,OPEC 进一步控制了国际石油市场和国际石油定价权,随着 OPEC 限产提价政策的实施,OPEC 在国际政治经济中的影响显著增强,该阶段呈现 OPEC 寡头垄断的市场格局;1986 年后,由于前一阶段 OPEC 限产提价,刺激了非 OPEC 国家石油工业的长足发展,OPEC 市场份额下降,市场影响力降低,加上 1986 年后石油期货市场兴起,以及现货与期货挂钩的定价方式,进一步削弱了 OPEC 的定价权控制,国际石油市场再一次呈现垄断性竞争的市场格局。关于国际石油市场结构演变历史基本上与 OPEC 在国际石油市场中的地位作用相一致,持OPEC 具有控制和影响国际石油市场和石油价格观点的,倾向于认为国际石油市场为寡头垄断市场,持 OPEC 不具备控制和影响国际石油市场观点的,倾向于认为国际石油市场为垄断性竞争市场。

电力和天然气由于产品及生产中的一些自然属性,形成了电力和天然气市场以区域性市场为主的格局,且垄断性相对更高,受政府管制较多。

能源市场走向开放和竞争是世界性潮流,标志着能源商品的相对垄断性特征趋于弱化和消失。世界各国能源市场各有特点,在世界经济一体化的大环境下,能源市场的开放程度不同,但能源市场总的发展趋势是市场更开放,竞争更激烈。市场竞争将打破能源部门原先形成的自然垄断,有助于市场机制对资源配置作用的发挥。

2. 能源市场信息

要求市场参与者具备市场完全信息的是瓦尔拉斯一般均衡分析的重要假设,供求双方中任何一方的变化信息都会以价格信号的方式传达给另一方,从而引起另一方的变化,后者的变化信息又会借助同样的价格机制反过来影响前者,经过充分的调整,最终达到均衡状态。显然,瓦尔拉斯均衡的这个条件过于苛刻,很难在实际的市场中达到。在能源市场,一些市场主体为了保护自己的利益,人为地隐瞒一些市场信息,如 OPEC 对自己的产量、剩余产能信息都不完全公开,甚至刻意隐瞒。除市场交易信息不完全外,私人企业在提供节能信息以及能源安全等具有公共品性质的信息方面明显不足,无法使市场参与者利用这些信息迅速对自己的行为进行调整,阻碍均衡的达成。

3. 能源市场的外部性

在能源供需活动中,对公共资源品——环境产生了非常大的影响,引起环境资源上的市场失灵问题。在没有政府和社会约束的条件下,私人企业没有动力和压力将外部成本内部化,从而提供超过社会最优化的产品,如能源消费所带来的污染问题;从理论上说,这种市场失灵,可以通过明晰产权关系加以校正。当产权明确界定后,就可以将外部成本内部化,进而利用市场机制,达到资源优化配置,实现均衡的目的。但在大气等公共资源产权界定上存在不同观点,有观点认为大气等资源具有不可分割性,是全体人类共有的资源,其产权的界定是相当困难的,甚至是不可能的。这种市场机制失灵只能运用市场外的机制加以校正,如通过征收碳税方式实现资源最优配置。

能源市场竞争的不充分性、信息不完全性以及能源市场的外部性问题是导致能源市场难以达到均衡状态的长期的也是基本的原因。导致能源市场非均衡短期的主要因素,通常是由战争、自然灾害等突发事件,对脆弱的能源市场产生剧烈冲击,引起能源市场大幅波动。

由于存在能源供给和需求两个方面的数量限制,以及能源价格作为价格信号的局限性,能源市场几乎不可能出现瓦尔拉斯所描述的一般均衡。非均衡状态是能源市场的正常状态。促使能源市场趋向非均衡状态的机制是由许多方面的因素共同决定的,这些因素有经济的、政治的、宗教的、军事的因素等。能源市场的非均衡分析有助于我们更深入了解能源市场。

(二)能源短缺危机

随着工业的迅速发展、人口的增长和人民生活水平的提高,能源尤其是作为主流消费能源的化石燃料短缺已成为世界性问题。能源短缺是由能源的稀缺性决定的。能源资源的稀缺性不同于经济稀缺性,经济稀缺性的假定是供给能力不足,但是在可预见的未来,它的绝对数量是不受限制的。能源的物质资源性决定着未来的绝对短缺和整个社会必须寻找新的能源替代品,但是目前却没有看到突破。这样人们的预期里将会存在一段能源短缺时期,并且这一预期很有可能在未来某个时刻发生。

由于能源资源的绝对短缺,加上能源市场运行机制不完善,或者一些意外事件影响,极易将预期的能源短缺演变成实际的能源短缺。

能源短缺危机是指因为能源供应短缺或是价格过度上涨而影响经济增长的现象。在能源市场上,一旦出现能源供应短缺,常致使能源价格飞涨,最终影响经济增长。这通常涉及石油、电力或其他自然资源的短缺。历史上由于主要石油生产国发生战争、罢工甚至飓风,导致石油供应锐减,同时期石油需求并未出现同步减少,导致石油价格飞涨,并在其后多数年份出现经济衰退现象(图4-2)。

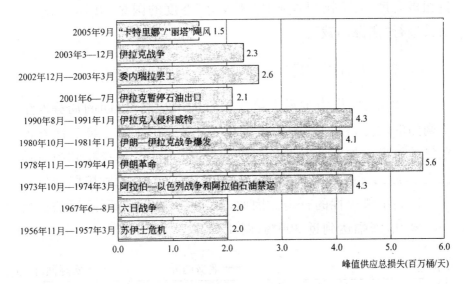

图 4-2　世界重大石油供应中断事件

资料来源:国际能源署应对石油供应紧急状况体系 . http://www.iea.org/textbase/nppdt/iree/ZOlO/ls_response_system_Chinese. pdf.

　　能源短缺危机除了由于一次能源中的煤炭、石油等化石燃料供给受资源储量限制外,我们提到的上述能源市场的结构也是其产生的一个重要原因。

　　历史上出现过三次大的石油危机和一次电力危机,简述如下。

1. 第一次危机(1973—1974)

　　1973 年 10 月,埃及和叙利亚等国反对以色列的第四次中东战争爆发,作为主要石油输出国的阿拉伯国家按照约定,掀起了一场波及全球的石油危机。在战争开始的当天,重要产油国叙利亚首先将位于自己境内的一条重要输油管道关闭,正式打响了这场石油战争。第二天,伊拉克政府开始采取措施,将国内最大的两家美国石油企业的股份收归国有,进一步在能源领域营造对自己有利的战争环境。随后不久,OPEC 召开部长级会议,并通过了石油减产和原油涨价的基本协定,协定分不同的情境执行,对于阿以冲突持"友好"和"中立"态度的国家 OPEC 在石油供给上持积极态度,对于阿以冲突持"不友好"态度的国家 OPEC 国家将对其进行"能源制裁"。

2. 第二次危机(1979—1980)

1978 年底,作为世界上第二大石油出产国,伊朗的局势发生了剧烈的动荡,伊朗的亲美派的国王下台,并导致了第二次石油危机的爆发。加上此时两伊战争的爆发,石油产量锐减到战争前的 1/5,使国际石油市场的供求关系发生了变化,原本脆弱的供求平衡遭到了毁灭性的打击。因此,从 1979 年开始,国际原油价格一路攀升,涨幅达到近 300%(图 4-3)。

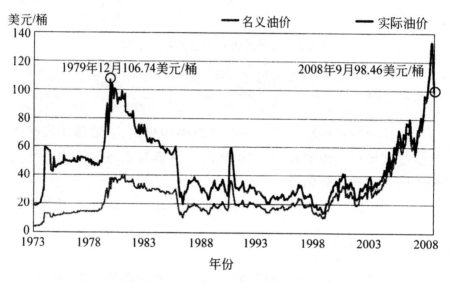

图 4-3　名义和实际油价

3. 第三次危机(1990)

1990 年 8 月初,伊拉克不顾国际社会的反对对科威特发动战争之后,受到了来自国际的经济制裁,这使得伊拉克的原油供给受到了很大的影响,因此国际原油价格也开始急剧升高。为了保证国际原油市场的稳定,国际能源组织启动了应急预案,每天向原油市场投放大量原油,同时,OPEC 也迅速做出回应,增加了石油产量将动荡的原油市场稳定了下来。

4. 美国加州电力危机

2001 年 1 月 17 日,美国加利福尼亚州遭遇前所未有的供电危机。为防输电网络瘫痪,加州北部的成百上千座住宅和商业设施 17 日实行轮流停电管制,范围包括旧金山、加州首府萨克拉门托、圣何塞以及硅谷的许多地区,受影响的人口达 100 多万。这也是加州自第二次世界大战以来首次实行电力管制。

能源危机通常造成经济衰退。20 世纪 70 年代和 80 年代两次大的石油危机后,各主要工业国都出现了严重的经济萧条现象。其中,第一次石油危机使美国经济的联邦预算赤字从 1974 年的 47 亿美元增加到 1975 年的 452 亿美元;通货膨胀率从 1972 年的 3.4% 上升到 1974 年的 12.2%;失业率从 1973 年的 4.9% 上升到 1975 年的 8.5%;劳动生产率从 1972 年的 6.6% 降至 1974 年的 1.9%。根据 IEA 2004 年的估计,如果石油价格从 25 美元/桶增加到 35 美元/桶并保持一年不变,会使美国经济增长速度减少 0.3 个百分点,欧元区国家减少 0.5 个百分点,日本减少 0.4 个百分点,OECD 国家减少 0.4 个百分点。由于发展中国家产业结构仍以制造业为主,工业生产的能源消耗水平相对较高,因此油价上涨对发展中国家的冲击更大,亚洲国家经济增长率将平均减少 0.8 个百分点。

(三)持续性问题

能源市场非均衡的另一个重要表现是能源需求的可持续问题。所谓的可持续是指能源资源能否持续地满足人类社会生存和发展需要。能源资源发展的可持续包括两方面内容:一是指能源的供应从长期来看能否满足人类对能源的需求;二是指人类在过去开发利用能源的活动中,已经对环境造成了极其严重的破坏,如何保证人类在将来开发利用能源的同时,不对人类赖以生存的地球继续产生毁灭性的影响,即能源—经济—环境的协调、可持续发展问题。

在新古典范式下运行的能源市场必然表现为"短视"行为。参与市场交易的主体追求的是各自行为的收益最大化,而未来参与市场交易的行为主体无法为自己争取合理的利益。所以,这样的市场机制不会考虑未来后代的持续发展问题。

可耗竭的化石能源总有消耗完的那一天,以后该怎么办?能源的耗竭性时刻在考验着人们的神经,一有风吹草动,脆弱的能源市场平衡就会被打破,在短期供给和需求均无法进行有效的调整下,能源市场机制运行结果只能是能源价格的剧烈大幅度波动。

能源消费给当代人的生活带来了极大的舒适和便利,与此同时,全球能源需求量持续增加的趋势不仅对世界能源供应是严峻的挑战,而且给全球减少温室气体排放带来巨大压力。据政府间气候变化委员会的报告,如不尽快采取实质行动,未来100年全球平均气温将上升3~6℃,海平面上升15~35米,导致接近一半的生物物种灭绝,并造成巨大经济社会损失。当人类生存环境遭到严重破坏后,很难逆转。为确保能源发展的可持续性,21世纪以来,全世界正努力转变以石油为主的能源经济,积极开发可再生能源。

必须说明的是,能源市场中的能源短缺危机和不可持续性两种非均衡现象,主要是针对当今以化石能源为主要能源而言的,正是意识到这点,世界各国都在积极调整优化能源结构,解决能源短缺和不可持续性问题。

可再生能源的重大特点是资源量极大且永不枯竭(前提是人类生存的环境未遭到毁灭性的破坏),世界各国都拥有足够子孙万代持续利用的能源。可再生能源的开发和利用,只对环境有极小的影响,只有极小的污染物排放量。可再生能源的发展不仅可以解决全球性的能源短缺问题,同时也可以有效解决未来面临的污染物减排问题。当前大力发展可再生能源还存在一些技术、经济等方面的问题,但德国、丹麦等国成功的经验表明,将大力发展可再生能源作为解决当今能源市场非均衡的两个主要问题的做法,前途是光明的。

第二节　能源市场风险及其有效控制

一、能源市场风险的概念、特点及其识别

（一）能源市场风险的概念

目前,学术界对风险的定义和认识各不相同,对风险的评估和预测也各有自己的一套方法。总结起来,风险是指事件发生与否的不确定性。在市场经济条件下,所有的市场主体(政府、企业、个人)都面临着一个共同的问题,即对市场未来的变动不确定性,这使得有所市场主体都面临着可能到来的风险。推而广之,在能源市场上风险也具有同样的特征,一般来说我们将能源价格波动对能源供给造成的收益的不确定性称为能源市场风险。能源市场风险受到很多因素的影响,比如能源供给、能源的需求、能源政策、国际政治、外交局势等,由于能源储备事关国家安全,因此政府部门会对能源市场以及能源风险保持高度关注。

（二）能源市场风险的特点

能源市场的风险和其他市场风险一样具有风险的一般特征,深入认识和理解能源市场风险的特点,才能更好保证能源市场的稳定运行,预防能源风险发生。

1. 客观性

市场充满了不确定因素,不确定性是普遍客观存在的,不以人的意志为转移。能源资源受其战略重要性、资源耗竭性、高度地缘性等方面因素的综合影响,能源市场不确定因素更多、更复杂,因此不确定性更大,也更普遍。

2. 偶然性

风险事件的发生具有很大的偶然性。影响能源市场的因素很多,既有供需市场因素,也有政治、宗教、军事方面的因素,还有自然灾害等方面的因素,这些因素发生与否、何时何地发生、严重性程度等都具有很大的偶然性。

3. 动态性

风险与所处的时间阶段有关,时间变化了,风险也可能随之发生变化。一般来说产生价格风险的事件有一个发生发展的过程,伴随着事件的发生发展,能源市场风险也有一个逐步变化的过程。如资源国国内政治局势动荡,初期各方势力交织使局势变得越来越复杂,不确定性逐步增大,风险也随之增加,一定程度后随着局势的逐步明朗,要么爆发、要么寻求到一定的解决办法,事件的发展呈现某种转折。

4. 可测性

虽然单个事件的发生具有很大的偶然性,但是大量同类事件的发生有一定的规律性,正是由于这种规律性的存在,使得风险具备了可测性。

(三)能源市场的风险识别

1. 风险识别需要的资料

在风险识别的过程中,风险不可能会自己呈现出来,风险管理和评估人员需要根据特定的信息和现象来对风险的存在进行确认和识别。在实际工作中,风险识别工作都是从识别信息、搜集信息等基础性工作开始的,当信息收集到一定数量的时候,风险的识别和控制人员会从这些信息中寻找风险存在的线索,并通过数据分析来确定风险的大小和影响。一般来说在能源风险识别资料信息的收集中,主要收集环境信息(政治、经济、社会等)、能源供给信息、能源需求信息、能源政策信息等几类。

2. 风险识别的工具

风险识别的方法有很多,可以从原因查结果,当然也可以反过来进行。前者主要是用来解决在能源市场供给产生了哪些风险要素,以及这些风险要素引起了怎样的后果。后者主要是针对成本风险、时间风险和质量风险,目的是找到引起这些因素异常的原因。

借助于风险识别工具的帮助,可以有效提高风险识别的效率。

(1)风险核对表

把经历过的风险事件和预计可能的风险因素罗列出来,经过整理就形成一张风险核对表(表4-1、表4-2)。

表 4-1　能源供给风险核对表

风险因素	典型表现	风险后果	应对措施	监视处理结果
一般环境风险				
政治法律因素				
经济社会因素				
技术因素				
自然灾害因素				
具体环境因素				
物流环境因素				
产品市场因素				
企业内部风险				
人为因素				
管理原因				

风险因素	典型表现	风险后果	应对措施	监视处理结果
设备原因				
操作方法原因				
产品本身特征				
系统结构风险				

表 4-2　能源市场合作伙伴协作风险核对表

风险因素	典型表现	风险后果	应对措施	监视处理结果
管理冲突				
契约问题				
沟通协调风险				
技术信息外泄				
统计信息失真				
技术衔接障碍				
合作安全风险				
违约				

在风险核对表中,不同控制层次的风险是分级记录的,主要有风险核对总表、风险核对明细表。风险核对总表反映了能源市场运行过程中所存在风险的基本状况,风险核对明细表则反映了某一项风险的具体情况和信息,内容简洁、层次分明。

（2）因果图

因果图也是风险管理常用的一种风险管理与演示工具。通过因果图我们可以清晰地明确各个风险要素之间的内在逻辑关系。因果图也称为"鱼骨图""鱼刺图"。

3. 风险识别的结果

风险识别的结果对整个风险的控制工作都具有重要的意义,因为风险的识别结果是进行下一步工作的基础,通常来说风险识别结果的书面报告主要有以下几个方面的内容。

（1）风险形势

风险形势是根据能源市场当前状态和影响要素，对其未来状态所做出的一种对形势的估计。一般来说企业在进行风险形势的评估时，首先应该对供应来管理的目标以及各个细节有一个明确的认识，在此基础之上统计能源市场稳定运行所需要的资源、环境以及运行条件，根据这些要素确定能源市场稳定运行的基础和前提。在这些工作都完成之后，可以根据对历史风险资料、国际环境等因素的新变化对能源风险的发展形势进行科学的评估。

（2）风险来源表

风险来源表就是将能源市场可能遇到的风险及其来源一一对应制作成的表格。在进行风险识别与统计的时候应该将所有可能发生的风险都编辑进风险来源表内，这样做可以保证风险来源表的可续性和全面性。在风险来源表中还有一个重要的内容就是风险的来源，风险来源应该用文字进行详细的说明，其目的是让使用者能够清晰明确的对风险来源进行确认。

（3）风险的分类或分组

在风险管理过程中对风险进行分类或分组是一种很好的处理方法，因为通过分类我们可以对这些风险的内在联系和逻辑关系进行梳理，我们可以对这些风险进行分类处理，并降低风险识别的难度。当然在风险管理的过程中我们不是只有这一种分类方法可以选择，我们也可以按照风险所处的阶段进行分类，也还可以按照能源市场参与主体的不同划分。在实际运用的过程中，我们可以根据每一类风险源的特点和性质对其进行更细的分类。

（4）发现的能源市场问题

通过风险识别，我们会发现能源市场存在一些问题和缺陷，这些问题和缺陷如果不及时进行规避很可能发展成为更大的危机。风险管理并不是一项以现在为主要目的的管理手段，它是着眼于未来的一项管理活动。我们应该充分认识这一点,才能更好地识别能源市场的潜在风险,从而保证能源市场安全。

二、能源市场风险的溢出效应

经济一体化的不断扩散、互联网的飞速发展,使得不同市场主体之间的关系越来越紧密,个人或者单个企业对市场的影响越来越小,企业联盟、连锁经营的模式成为一种新的发展趋势。企业的经营波动会对联盟企业或者合作伙伴产生一定影响,这种效应会呈几何效应扩散出去,甚至形成市场风险,而在联盟条约或者合作协议的规范化,企业之间的结盟可以更好地抵御这种扩散效果,从而减少风险发生的概率。这里将研究重点个体波动的扩散,即波动溢出效应。

随着经济和技术的发展,能源市场金融化的趋势越来越明显,能源产品、金融、外汇市场之间的联系越来越密切,关系也越来越复杂,能源市场的风险溢出效应,从某种方面来说是从金融角度对其进行的一次解读。比如国际石油贸易是以美元为国际货币进行计价的,这使得美元与石油市场之间的联系变得直接和形象,当石油市场波动时美元会因此受到影响,而美元在外汇市场出现波动时,石油市场也会相应受到影响,这就是作用于石油市场和美元之间的风险溢出效应。

能源市场内部风险溢出包括多种情况,不同能源品种之间在能源市场的风险传导、同种能源产品在不同市场上的能源传导、不同能源市场之间的风险传导,在对能源风险溢出效应进行识别和规避的过程中,不能把目光局限在固定的范围内。能源市场的外部风险溢出是指不同种类市场之间的风险传导,比如金融市场与能源市场、钢铁市场与能源市场等。研究能源市场内外部之间的溢出效应,要结合具体的环境要素和需求要素进行研究,尤其是定量的研究能够对能源风险的溢出效应进行科学的预测和分析,并根据分析的结果尽量避免风险的产生和溢出。

三、能源市场风险的有效控制

(一)积极借助金融衍生品市场的调节作用

能源市场风险管理是指利用金融衍生工具等技术手段,对石油、天然气、电力、煤炭等能源产品的生产,消费和流通企业的资本(包括有形资产、有形商品和衍生品等)在运营过程中的风险进行识别,评估、监控和管理,使风险化解到较小限度并能产生额外利润。对于能源企业而言,首当其冲的风险便是能源市场风险,价格波动是市场风险最主要的来源。影响能源价格波动的因素极其复杂,自然灾害、气候条件、经济发展、人口数量、能源储量、金融操作、环境政策、政治因素等,不一而足。不少企业借助于能源金融衍生品市场,把对冲(hedge)交易作为控制价格风险的利器。

能源金融衍生品市场在能源风险管理中应谨慎使用,且不可或缺的工具。能源金融衍生品市场是以石油、天然气、煤炭等能源产品为基本标的,通过金融工具进行即期和远期金融衍生交易的新型金融市场。能源金融衍生品合约主要有三种类型:期货合约、互换合约和期权合约。

1. 期货合约

能源期货合约是合法的标准化合约,在有管制的期货交易所,在将来的某个固定日期,按交易达成的价格进行交付结算,期货合约的卖方(空头)持有期货合约至到期日,就必须交付标的实物能源,如石油、天然气、电力等;如果买方(多头)持有期货合约至到期日,就必须提取标的实物能源。但纽约商业交易所和伦敦国际石油交易所很少进行实物交割,一般实物交割的期货合约占未平仓合约总数的比例不到 2%。这些市场上大多数交易的目的都是套利或投机,能源生产商或消费者更倾向于在现货市场,而不是期货市场进行实物交易。

2. 互换合约

互换合约又称掉期合约(swap contracts),指交易双方约定在未来某一时期相互交换某种资产的交易形式。更准确地说,掉期合约是当事人之间签订的在未来某一期间内相互交换他们认为具有相等经济价值的现金流(cash flow)的合约。通常情况下,一方按达成的固定价格执行,另一方取决于合约期间浮动价格的平均值。没有基础标的能源的实际交付,仅仅是资金结算。互换合约一般都是非标准化的,不能像期货和期权合约那样上市交易。

3. 期权合约

期权合约是双方达成的给予期权合约买方的某种权利,使其在将来某一确定日期或这一日期之前以确定的价格买进或卖出某种资产的协议。它们可应用于一个特定的期货合约(期货期权)或者特定的现金流(场外期权)或被用来买卖一个特定的互换合约。当执行期权时,期权买方必须以确定的价格交付标的资产或合约。确定的价格被称为执行价格,不管是买方还是卖方,它是期权开始获利的价格水平。

例如,炼油商时刻暴露在原油价格上涨的风险中,为了控制和管理原油价格上涨的风险,确保经营平稳进行,他们可以通过套期保值有效规避原油价格上涨的风险。假设现有某炼油商从中东购进 500000 桶原油,该批原油于 2011 年 12 月 1 日至 12 月 5 日抵达新加坡港,为对这批买入的原油现货保值,需买入 2012 年 1 月期货,每天买入 100 份合约(每份合约 1000 桶),共买入 500 份期货合约。

这批原油买进后储存在仓库,12 月 21 日起开始以 5000 桶/每天的速度消耗,为保证炼油商现货头寸与期货头寸相一致,达到保值的目的,炼油商需每天售出 100 份合约,这样当现货消耗完时,其期货头寸也变为 0。

（二）合理使用能源金融产品

能源金融衍生品是管理能源市场风险不可或缺的工具,但不正确的使用不仅不能起到管理和控制市场风险的目的,反而会给企业带来更大的风险。在使用能源金融衍生品管理市场风险时,一定要注意以下风险的控制。

1. 现金流风险

对冲交易的基本原则是保证市场交易的平衡,使市场价格的波动对产品升级以及产品组合相互抵消。在正常的情况下,期货市场的主要作用是价格发现和套期保值,对冲交易作为一种金融风险的控制和管理手段,能够有效抑制风险的发生。但是,如果市场条件发生改变,市场对冲交易就受到很大的影响,甚至可能会引发大规模的现金流风险,对整个市场的运作造成破坏。

2. 信用风险

近年来能源市场价格的波动起伏,信用风险也逐渐浮现出来,一次信用风险的损失可能会导致企业数年的利润化为泡影,甚至动摇企业的根基。21世纪初,美国能源巨人安然公司的崩溃不是因为决策的失误,而是因为长期积累的信用风险集中爆发,导致其信用崩盘而最终破产。

（三）建立能源风险管理系统

能源市场风险大,影响因素复杂,破坏速度快,传统的风险管理方法难以适应现代风险管理的要求。以计算机技术为核心的风险管理系统成为近年来能源风险管理必须借助的管理平台,成熟的能源市场风险管理系统应能实时提供以下功能。

1. 准确记录逐项交易

交易的输入应该具有实时性,并要保证其输入系统的合理性,不能多系统重复。交易记录应该由风险管理部门进行审核与确认,审核确认之后,需要设定密码对原始记录进行保存,如需对原始内容进行更改,则需要经过复杂的程序。

2. 报告仓位

根据生产和交易的数量,系统可以计算出每件货物在交易运作过程中的利润和货物短缺量,同时还可以计算各个时期的利润和货物短缺量。

3. 报告产品组合的市场实时价值

系统不但能够实时对 MTM 进行计算,而且还可以根据相关数据的来源将其归类分解为两个部分,第一个部位是可能来自当日产生的新交数据,第二个部分是可能来源于市场要素变化而产生的市场波动数据。进一步对数据进行解析,我们还可以将市场波动部分划分为价格影响、市场振荡、时间衰退等不同的分项。

4. 报告 VaR

计算机系统会根据历史价格和相关的价格模型对市场的发展和变化做出预测,从而对产品或者产品组合的市场价值进行一个合理的评估,并报告 VaR 值。

5. 计算信用险露

信用险露可以通过交易对家为顺序尽心计算,并能够通过计算机应用系统与信用额度进行对比分析。在特定的市场环境之中(价格波动、信用危机),信用险露应被实时重复计算。

6. 预测现金流状况

市场风险管理主要关心交易保证金和抵押款陡升所引起的现金流短缺,而这两方面的现金需求都是由于市场价格所衍生的。风险管理系统应根据市场预测随时计算潜在的现金需求量。

7. 风险溢出效应分析

高级的市场风险管理系统不但能对主要的市场因素进行风险管理,而且可以对相互关联的市场间的风险溢出效应进行分析。例如,汽油价格上涨 20％可能拉动天然气价格跟进 15％;而一地的电力需求下降不但会抑制本地电力价格,还可能间接推动邻近区域的电价下滑。市场多因素模拟的结果被用于计算实时的 MTM 和其他指标,作为风险度量和管理的依据。

第三节　财税政策与能源市场配置

一、能源市场调节的局限性

能源的供给与需求既有长期的,也有短期的。长期与短期能源供求分别受到不同因素的影响和制约。一般来说,市场因素对短期能源供给和需求起着重要的基础作用,但市场机制并非唯一手段,仅仅依靠市场机制是难以真正实现能源供需平衡的,主要原因有以下四个方面。

第一,对于影响长期能源供给与需求的因素,市场机制的作用力很小,特别对有关能源安全和能源环境的外部性等因素,市场机制几乎无调节能力。

第二,市场机制对于能源供求结构的调整与调节,往往存在滞后性,这种滞后性在下一个能源平衡调整周期中往往又表现为盲目性和新的失调现象。

第三,对于一些重大的、严重的能源供求矛盾,市场机制的调节较为缓慢,难以适应快速变化的能源市场以及人们对能源的需求。

第四,市场机制的调节只涉及能源市场的供求数量和结构,对能源市场供求活动中的行为规范问题则难以奏效。

因此,调节能源市场供求,实现能源市场供需平衡,保证经济社会稳定健康发展,必须综合运用经济的、法律的和行政的手段共同调节(财政部财政科学研究所"可持续能源财税政策研究"课题组,2006)。

能源在经济发展中的重要地位以及能源行业特点决定了政府在能源市场中应发挥重要的调节作用。财税政策作为政府宏观经济政策的重要组成部分,必将对能源资源的配置产生重大影响。

二、能源财税政策的主要种类

财税政策有利于提高对资源的合理配置与环境保护,目前很多国家都采取了相应的税制办法,鼓励增加能源供给,约束人们浪费资源和对环境的破坏行为。

能源财税政策从参与能源市场的主体划分,可分为针对能源生产与供应的财税政策和针对能源需求与消费的财税政策,如欧洲普遍使用的能源调节税,主要征税对象是居民及小规模能源用户,实行累进税制;对于能耗大户,则实行低税率政策,主要通过鼓励企业与政府签订自愿协议,减少其能源消费量。从财税政策实施的目的划分,可分为以下五种。

(一)支持节能、促进能效提高的财税政策

这一类的财政和税收政策主要是针对能源消耗项目和能源耗费行为制定的,根据情况和程度的不同,可以制定不同的政策来保证能源的利用效率,其中最为常见的是对行为主体的节能行为和节能设备进行财政补贴。

(二)确保国家能源安全的财税政策

能源安全并不是我们想象的那样是一个简单的产业安全问题,也不能单纯地从经济安全角度考虑,能源问题是一个复杂的问题,关系到人们的社会生活和国家的安全,是国家战略的重要

组成部分。在能源市场,政府可以通过相应的财政政策和税收政策对相关的市场行为进行调节,保证能源的利用效率;可以在国际市场获得更多的能源供应,保证国家的战略部署能够顺利实现。

(三)推动环境保护的财税政策

以保护环境为目的的财政能源政策充分体现了"污染者付费原则"(PPP)和"使用者付费原则"(UPP),在这些政策调整下,市场主体会逐步改善自己的行为,从而达到保护自然环境、减少环境污染的目的。在市场经济条件下,人们追求利润并没有什么错,之所以采用财税政策对市场主体的行为进行科学的调整和引导,正是尊重人们追求利益的权利。

(四)从需求方调节能源结构的财税政策

这类政策主要是针对社会成员的消费行为设置的,比如对消费者购买新能源汽车、节能产品给予的补贴或税收优惠减免,对新能源设备的购买和生产提供一定的补贴等。这类政策有很多,比如购买 1.5L 排量以下的汽车可以减免购置税,购买家用太阳能设备享受一定的补贴等。

(五)支持能源研发及技术推广的财税政策

如对一些关键设备和技术进口给予进口关税和进口环节增值税优惠和融资支持以及节能技术研究开发和示范的拨款等。这类财政政策不仅不能促进我国新能源产业的发展,也体现了我国锐意创新、大力促进产业升级转型的决心。

三、财税政策对能源市场均衡的影响

(一)促进能源结构的调整与改变

在市场经济条件下,市场是资源调节和配置的主要调节方式,但是在某些条件下市场调节的效率和效果可能不能令人满意,这就需要政府对相应的环节进行规范和调整,以提高整个市场的运作效率。尤其是在能源结构调整和能源战略转型的过程当中,政府的调节和引导作用更为突出和有效。能源结构的调整虽然需要市场作用的调节,但从本质上来说它具有更强的社会性。很多时候能源结构的调整并不是市场的选择,而是出于对环境或者生态的保护而进行的,因此依靠市场调节是难以取得成效的,必须要依靠政府的力量才能推动能源结构的顺利转变。

(二)提高能源市场的资源配置效率

针对能源市场资源配置效率提高而言,一方面要进一步规范市场竞争,完善能源价格形成机制,充分发挥价格对市场调节和资源配置的作用;另一方面,充分发挥政府在市场机制失灵的两个领域:(1)由于能源利用对环境产生的外部性;(2)由于化石能源可耗竭性引起的能源短缺中的作用,利用财税政策以及货币政策,引导用户节约能源,加大对可再生能源的开发利用,促进能源结构优化,保证能源—经济—环境协调发展,保证社会的可持续发展。

第五章　能源价格机制及其市场调配作用

　　价格体系是市场经济中配置商品和服务的主要途径。价格可以影响经济中的生产和福利。作为重要的生产资料和生活资料，能源商品与其他一般商品和服务相比，对其"正确定价"或许更为重要。能源价格是有效的能源市场中最重要的要素。理论上而言，如果能源价格包含了外部因素，竞争性定价机制将是能源资源优化配置的最有效途径。但在现实中，能源价格决定受到诸多因素的影响，能源价格并非总是完全由市场竞争决定；由于市场垄断、政府干预等问题，能源价格扭曲常常存在。能源价格政策会对国民经济和人民生活产生重要影响，因此能源价格往往是十分复杂而敏感的问题。

第一节　能源价格理论及其形成机制

一、能源价格理论

（一）能源定价理论

　　在微观经济学中，价格理论是其中的一项重要内容。这是因为，在经济学的研究中，其主要探讨的是如何实现资源的优化配置，而通常想要实现这一目标则需要价格机制的运作。在整个价格理论体系中，供求理论和价值理论是其中最重要的两个理论。供求理论是市场经济基础理论的一项有机组成部分，是由供求状况来确定的。而价值理论则指的是,通过对商品的价值的考量,以此来确定商品的价格,其是马克思主义政治经济学的核心。对于能源产品定价而言,同样有基于马克思主义的劳动价值论的定价模型和基于西方经济学价格理论的定价模型。前者以劳动价值论为出发点,研究资源价格。劳动价值理论认为,能源资源的价格应当按劣等资源条件的生产平均成本,以包括开发、保护、恢复等费用在内的完全成本和综合利润率计价,最后再参考成本增减因素和营业外开支等,最终确定下来。综上所述,我们可以得出能源资源价格的计算公式为:

$$能源价格 = K + P + R$$

在上述公式中,K 为成本,P 为利润,R 为资源税。

一般来说,通过价格理论来确定能源资源价格,主要会涉及两种理论:一种就是上述中所提到的马克思主义的劳动价值论,另一种就是基于西方经济学的能源价格理论。第二种能源价格理论是以效用价值论为核心,其认为供给和需求是决定市场价格的主要因素,所有商品的市场价格都是由均衡价格来决定的。所谓的均衡价格,指的是供给和需求相等时的价格。

我们可以分别从能源市场和可耗竭能源资源不同行为主体的角度研究定价问题,主要理论有能源价格规制理论和可耗竭能源资源定价理论。

1. 能源价格规制理论

能源价格理论所涉及的内容多种多样,在这里,我们主要研究的是最优规制理论,其与能源价格形成机制密切相关。应当明确的是,实行能源价格规制的一个重要目的是,在一定程度上恢复能源价格的本性,最终使其能够反映出当前资源的真实稀缺状况。

所谓的最优规制理论,实际上研究的是,在信息完全的假设下,规制者与被规制者的最优规制方式。规制方式包括进入规制、价格规制、质量规制等多种方式,但价格规制是其中最为重要的一项内容,因此最优规制理论所研究的主体也是它,即最优价格规制。需要注意的是,能源的价格规制主要包括两方面的内容,一方面是价格水平规制,另一方面是价格结构规制。对于价格水平规制来说,其与总成本和总收益之间有着极为密切的关系,如果一个企业只提供单一的服务,那么该企业的价格水平所指的就是每单位服务的价格,其总成本是按照正常成本加上合理报酬来计算出来的。对于价格结构规制来说,其主要关注的是怎样读单个价格进行规制。对于同样提供单一服务的企业来说,其价格结构指的就是多种价格组合,包括成本结构和需求结构等多项内容。如果一个企业会提供多项服务,那么其价格结构规制指的就是每种服务的价格水平的构成和将成本结构、需求结构都考虑进去的价格体系,主要包括线性定价和两部定价、高峰负荷定价、差别定价等非线性定价。

传统价格规制理论认为,市场失灵是导致价格规制产生的主要原因。在微观经济学中,设定完美市场假设,那么通过价格机制就可以激励企业降低生产费用,在提供高质量服务的前提下降低生产成本,积极进行产品和生产方法的创新,提高工作效率。但是在现实的市场经济环境中,存在很多不确定的因素,如自然垄断、外部性和信息不对称等,会导致市场机制失去原有的效果。因此,在这种情况下,就需要政府的参与,实施规制。

2. 可耗竭能源资源定价理论

能源定价理论主要沿用经济学的资源稀缺论和边际学说理论。哈罗德·霍特林于 1931 年发表的《可耗竭资源的经济学》,从理论上对可耗竭矿产资源最优开采问题做了深入探讨,系统地研究了可耗竭资源如何定价的问题。霍特林可耗竭资源价格模型理论要点概括如下:在完全竞争市场且资源储量一定且能源生产或边际开采的成本为常量 MC 的前提条件下,市场的可耗竭资源的净价格或资源补偿费(即价格与边际开采成本之差)将按市场利率的价格上升。如果市场是垄断性的,价格上升速度会更快,从而减少资源消耗量。如果资源所有者开采资源资本所得的收益增长率大于利率,他将选择让资源继续埋藏在地下;反之,收益增长率小于利率,所有者将在当期多开采资源,来得到更高的净现值。如果可耗竭资源的生产(或开采)成本为零(MC=0)或可以忽略不计,资源的价格(资源补偿费)将以市场利率速度上升。可以得到完全竞争条件下的可耗竭资源动态合理配置的两个重要性质如下。

(1)可耗竭资源的稀缺性、耗竭性以及不确定性,决定了其价格与一般商品价格不同,不完全是按照其边际生产成本(包括正常利润在内)决定的。

(2)可耗竭资源产品的价格随时间的推移而上涨,直到资源开采完毕为止,即资源生产(开采)成本可以忽略不计时,可耗竭资源的价格将按市场利率的速度上升;生产(开采)成本不可忽略不计时,可耗竭资源价格的上涨速度会低于(资源补偿费的正常上涨速度)市场利率。

如果出现了垄断市场,那么垄断企业就可以对稀缺资源随意进行定价,然后选择一个最优的产出路径,在最大限度上提高自身的收益。需要注意的是,最优产出路径就是决定最优价格路径的关键,例如,石油在不同时期的开采过程中,其边际收益是以利率的数值增长的,这也就是所谓的垄断市场中的均衡。

(二)能源定价模型

1. 成本定价模型

在现实生活中,人们经常会使用到的成本定价模型主要有平均成本定价法、边际成本定价法和完全成本定价法三种。在本节中,我们重点研究的是前两种,即平均成本定价法和边际成本定价法。

(1)平均成本定价模型

平均成本定价法指的是从企业平衡的角度出发,以此来确定能源价格的方法。该方法在计算能源总投入的过程中,考虑到了时间因素,是将所有的投入都作为成本,然后当总投入与总收入相等时,再确定产品的价格。需要注意的是,一般情况下使用平均成本定价确定的产品的价格要高于边际成本定价,在这种情况下企业的利润为零,因此会造成一定的效率损失。平均成本定价模型的计算公式如下。

$$AC = \frac{\sum_{i=0}^{n}\left[\dfrac{C_i}{(1+r)^i}\right]}{\sum_{i=0}^{n}W_i}$$

其中,C_i 为新增能源成本,包含固定成本和可变成本;

　　　W_i 为新增能源产品销售量;

　　　r 为贴现率;

　　　n 为规划时期。

(2)边际成本定价模型

根据微观经济学的基本理论,在完全竞争市场条件下,由市场需求曲线和市场供给曲线形成的均衡价格,在边际上会自动实现生产成本和边际成本的平衡。如果产品的成本较高,产品产量就会降低;相反,产品产量就会提高。上述两种情况出现的关键,就是对资源配置效率进行优化。如果上述情况实现了平衡,那么也就意味着实现了边际成本定价,即 $P=MC$,在市场经济活动的作用下,资源的市场价格就实现了与边际成本的相等。实际上也就是说,如果边际成本实现了,那么也就意味着资源实现了最优配置。

因此,努力实现市场价格与资源边际成本价格相等,就可以最大限度地发挥市场经济在资源配置中的主导作用。从长期来看,均衡价格也等于厂商的最低平均成本。在这种情况下,消费者不仅能够以最低的价格买到商品,同时企业也会获得最大的收益。由此可见,在完全竞争市场中,边际成本定价是符合帕累托最优条件的一种定价方法。对于自然垄断行业,由图5-1可知,如果边际收益等于边际成本,能源产量为Q_1、价格为P_1,此时利润

最大化为面积 P_1ABP_2；而如果能源生产企业按照长期平均成本 LAC 定价的话，即 $LAC = P_2$ 时，能源生产企业既不盈利也不亏损；而如果能源生产企业按照长期边际成本 LMC 定价的话，即 $LMC = P_3$ 时，能源生产企业亏损为面积 $P_2BE_1P_3$。对于长期边际成本来说，如果其下降就会带动平均成本的下降，而上升则也会同时拉动平均成本的上升，因此，在一般情况下，平均成本都会高于长期边际成本。换句话说，通过长期边际成本所制定的价格必然会小于平均成本，而在这种情况下则会导致供给行业发生亏损。

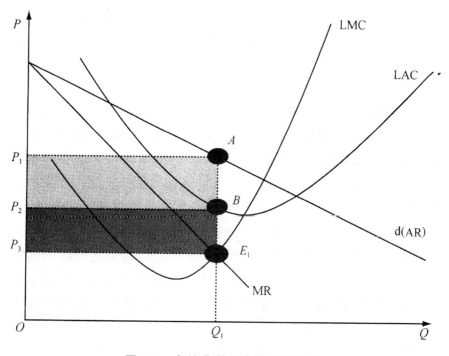

图 5-1　自然垄断厂商的长期均衡

边际成本定价模型主要是针对可耗竭能源所制定的定价方法，最初是由 1938 年霍特林提出的，其现代市场定价有着极为深入的影响。但 $P = MC$ 这种边际成本定价原理，不能简单地套用在从动态角度研究可耗竭资源的合理配置问题上。因为按照现代经济可持续发展理论，可耗竭资源的边际机会成本的内涵更加复杂化、多样化。

在经济学上，人们在对资源配置规律分析和对资源的稀缺性进行衡量的过程中，通常会使用到边际的概念。如果资源产品的边际成本与边际收益相等，那么就说明对资源已经实现了高效利用。但可耗竭能源资源具有的特点，决定了其边际成本的复杂性。可耗竭资源的边际机会成本（marginal opportunity cost，MOC）理论认为，自然资源的价值或价格应该相当于其边际机会成本，即相当于利用一单位某种自然资源的全部成本。可耗竭资源的边际机会成本由以下四部分组成。

第一，边际生产成本（marginal production cost，MPC）。指的是，在对资源进行勘探和生产的过程中，所使用的所有要素的成本。

第二，边际使用者成本（marginal user cost，MUC）。可耗竭能源由于当期使用而给未来使用者造成的净利益损失，这部分成本是能源资源的原始价值，可视为能源企业获得能源开发权的全部支出。

第三，边际外部成本（marginal external cost，MEC）。指的是，在对能源进行开发的过程中，对生态环境造成的破坏，以及对他人造成的不好的影响。

第四，市场退出成本（marginal exit cost，$ME'C$）。是基于能源行业资本密集度高、资产专用性强等特点，能源资源耗竭后的能源企业调整、关闭导致的资本沉设、人员重新安置等市场退出成本。

可耗竭的能源资源，其边际机会成本（MOC）由以下四部分成：

$$MOC = MPC + MUC + MEC + ME'C$$

需要强调的是，可耗竭资源的机会成本中，只有边际生产成本一项是能源生产企业的意愿，这是构成能源资源最直接可见的边际生产成本，其余三项分别考虑的是能源稀缺性引发的代际间公平使用能源的权利的机会成本、能源资源使用造成的负外部性以及能源生产企业的沉没成本因素。这三项虽然也是构成能源资源总机会成本的一部分,但会增加能源生产企业的总机会成本,能源价格中加入后三项成本是企业生产经营者不情愿的,因此,政府有必要对能源资源定价进行干预,甚至通过能源政策、法规强行加入后三项。

可耗竭资源机会成本的组成中,特别需要留意引入边际使用者成本的深刻意义。可耗竭自然资源极为珍贵,是不可再生的,如果现在人用得多,那么后代人能用的就会变少。也就是说,在同等条件下,后代人使用该资源的机会会少于当代人,其所付出的成本就是所谓的边际使用者成本。为了弥补后代人对同一资源有相同繁荣生产机会,因此在对资源的价值进行评定时,通常会将边际使用者成本考虑进去。这种补偿的大小,最终是由当代人与后代人对于该资源的需求状况、资源储量与开采率的关系、替代技术的可能性及替代成本、代际贴现率等决定的。

从资源的可持续利用的角度看,可耗竭自然资源的可替代状况是确定其边际使用成本的主要决定因素。随着科学技术的发展和人类的不断探索发现,很多自然资源在生产、使用的过程中,出现了可以替代其作用的新技术或是其他类型的资源,但是由于替代技术或是替代品的价格过高,因此还不能被普及。在这种情况下,可用这些将来在某一价格水平上可使用的替代品或替代技术的价格来计算该自然资源的边际使用成本。影响自然资源最优利用的替代多种多样,包括自然资源对自然资源的替代,其他生产要素对自然资源的替代,不同产品之间的替代,节约资源的低质产品对浪费资源的高质产品的替代,以及技术对自然资源的替代等。在实际的应用中,最为常见的是技术对自然资源的替代和自然资源对自然资源的替代。

需要注意的是,平均成本定价法和边际成本定价法所关注的都是能源生产供应过程中所产生的成本,很少会对能源产生的外部性影响进行分析和计量。

（3）完全成本定价模型

完全成本定价方法是对能源资源开发利用全过程的考量,其不仅会对资源生产的直接成本进行计算,同时会将能源生产的外部影响和环境治理也考虑进去,从而最终在能源的成本中反映出来。

2. 价格上限规制模型

价格上限规制模型是对传统的报酬率规制的替代,是一种激励性价格规制方法。从当前的情况来看,价格上限规制模型当前的使用最为广泛,其代表性国家是英国,则日美等国家对传统的报酬率使用较多。

价格上限规制指的是,在规制机构和被规制能源生产企业之间签订价格变动合同,对价格的上限进行限制,使产品的价格只能在这个上限内进行浮动。一般来说,价格上限规制采用的都是 PRI-X 模型,其中 PRI 指的是价格指数,也就是所谓的通货膨胀率;而 X 则是由规制者来确定的,指的是在一定时期内生产效率增长的百分比。这一模型意味着,能源生产企业在任何一年中制定的名义价格取决于 PRI 与 X 的相对值。如果 PRI-X 是一个负值,则表明能源生产企业就要降价,幅度为 PRI-X 的绝对值。这样,设能源生产企业本期的价格为 P_t,下期的价格为 P_{t+1},P_{t+1} 的值由下式确定:

$$P_{t+1}=P_t[1+(PRI\text{-}X)]$$

在上述模型中,最为重要的是要确定 X 的数值,其并不是固定不变的,政府可以根据实际情况来确定调整 X 值的时间。不断变化的 X 值具有重要的作用,一方面可以促使企业提高生产效率,让消费者获益;同时,也加大了价格规制政策的难度,在一定程度上政府的连贯性和稳定性都会降低。

价格上限规制模型的使用范围极为广泛,其不仅能够处理能源企业某种产品的最高限价,同时还能处理多种被规制产品的综合最高限价。

二、能源价格形成机制

（一）能源价格形成机制的内涵及其理论

价格理论所研究的重点是资源配置与资源利用,而价格形成机制则是价格理论的一项基本内容。所谓的价格形成指的是,在生产和交换的过程中确定商品的价格。价格形成机制则指的是,在一定的价格管理体制下,价格形成与变动的内在过程。在学术界,人们对于价格形成机制的定义为:以市场配置资源为基础,以完善有效的政府宏观调控为目标,通过建立有利于产业结构优化、行业可持续发展的价格指数,以及完整的成本核算框架、完备的市场交易体制,来引导生产、流通和消费的价格制定与调整的制度安排。[①] 而能源价格形成机制则指的是,能源价格形成的基础因素的构成、功能及运行方式。人们常说的能源价格是否合理,实际上指的就是能源价格形成机制是否合理。

能源价格形成机制需要考察供需机制、价值体系、制度组织安排、市场体系等各因素对价格形成的相互作用与相互影响。

1. 市场供需与价格形成机制的关系分析

西方经济学的市场均衡理论强调供需机制对价格形成的决定。在完全竞争市场中,供需均衡时得到市场均衡价格与均衡数量;在不完全市场上,企业需要根据边际原则,在利润最大化产量的前提下,根据需求曲线来确定产品的市场均衡价格。通过定价策略,企业可以获得更多的利润,同时还可以有效提高企业的市场竞争力和市场占有份额。

2. 能源价值与价格形成机制的关系

马克思主义劳动价值论指出,价值是价格形成的基础,价值

---

① 周东. 能源经济学[M]. 北京:北京大学出版社,2015,第143页

形成的源泉是无差别的人类劳动,价格是价值的货币表现,价格围绕着价值上下波动。[①] 能源价值体系是能源价格形成机制的基础。在市场经济条件下,商品的功能和稀缺性是影响商品价值量大小的重要因素。由此看来,由于能源同时满足功能和稀缺性两个条件,因此能源是有价值的商品。在能源开发的过程中,必须要面对的一项内容就是权属关系的建立,以此确定有关资源的各种权利。一般来说,产权通常包含所有权、使用权、收益权和处置权,四项权利。其中,所有权指的是,资源归谁所有的问题;使用权指的是,能否对资源进行使用,并且以什么方式使用;收益权指的是,通过对资源的使用从而产生的收益;处置权则指的是,对资源进行处置的权利。可以说,产权是资源价值的一个重要方面,如果没有资源产权的存在,那么任何人都可以使用资源,却不需要耗费成本,在这种情况下,只有资源是无限的才不会出现稀缺的情况,也因此资源就不再有价值。

3. 制度安排与价格形成机制的关系分析

在市场经济中,一方面存在很多导致市场失灵的现象,如垄断、公共物品、外部性与信息不对称等,另一方面能源产品在国家经济安全中具有特殊性,以及能源市场结构不完善等特点,需要通过经济政策等制度安排对价格形成机制给予修正,如通过能源产业政策、财政与货币政策、国际贸易政策与市场准入政策等,对价值形成间接影响,从而实现对资源配置的帕累托改善。在通常情况下,可以通过价格管制或是绩效管制等来提高垄断市场的经济效率;通过财政税收或补贴政策,由政府或第三方对公共物品进行提供;通过实行庇古税或补贴、内部化与产权明晰来解决外部性的问题;最后,需要通过管制政策、法律纠偏和完善信息传递机制来解决信息不对称的问题。

---

① 周东. 能源经济学[M]. 北京:北京大学出版社,2015,第152页

4. 市场体系与价格形成机制的关系

想要形成有效价格,完善的市场体系是关键,这是市场基础。根据投入产出的关系,可以将市场分为两类,即产品市场和要素市场。要素市场在经济关系中发挥着极为重要的作用,对于投入要素来说,要素市场为其构建了与最终产品和服务的产出关系;同时也为最终产品与服务提供了相关配套服务,从而提高了企业的产出效率。在产品价格形成机制中,存在着要素价格,其会受到要素市场结构与产品市场结构的影响,同时也会受到要素供需双方的垄断势力对比的限制。因此,能源市场体系与能源价格之间具有极为密切的关系,其会对能源价格的最终形成产生极为重要的影响。具体来说,主要表现在以下三点。

(1)通过投入产出关系,能源要素市场的价格可以反映到能源产品价格之中,从而确定能源的最终价格。

(2)能源现货价格受到能源金融衍生品价格的影响很大,并持续加强。

(3)能源价格受能源市场结构的影响也很大。在能源要素市场中,能源企业占据着垄断地位,其对要素价格的形成具有绝对的控制力,因此在最终对非能源终端价格产生了间接影响。除此之外,能源企业与能源用户在能源市场中持续的实力比拼,也直接影响了能源的最终价格。

综合以上四方面影响能源价格形成机制的因素,可以得到一些基本认识:从表面上看,市场上的供求关系决定着能源价格,并且与其他产品一样,能源市场价值是市场价格形成的基础,价格是价值的货币表现形式。因此,从本质上来看,能源价格还是由能源价值来最终决定的,并且能源价格的上下波动是价值规律发生作用的表现。由于受到供求关系变动的影响,因此能源的最终价格有时会高于价值,有时也会低于价值。从长期来看,能源价格的上下波动其实是可以相互抵消的,并且基本上与价值是一致的。也就是说,从长期情况来看,供求关系对于市场价格的影响基本上趋于零。

需要注意的是,能源与普通的商品相比,毕竟有着一定的特殊性,因此能源价格的最终形成除去与一般商品的共性之外,还会受到能源稀缺性和垄断性的影响。这种稀缺性体现在能源要素市场和能源产品市场中;而能源市场结构不完善导致的垄断性,使得政府的能源政策干预成为必然。由此可以看出,实际上在能源价格的最终形成的过程中,能源成本与垄断利润充当着最为重要的因素。

既然能源价格的形成就是讲能源价格是如何决定的,那么影响其价格形成的关键因素有哪些?在市场经济条件下,能源价格直接反映能源市场供给与需求的变化,并调节着供需双方的资源配置和生产经营活动,它是国家宏观调控和企业进行资源配置及经济决策的重要依据。影响能源价格的因素,归纳起来主要有以下几点。

(1)成本因素。成本因素在市场经济运行中,充当着价格形成的基本因素。而对于能源产品来说,能源生产和运输成本构成了其内涵价值。能源产品的最终价格,主要是由资源取得成本、生产成本、运输成本、转产成本、安全成本以及单位产品利润等构成的。在通常情况下,成本与能源价格之间存在着这样的关系:产品成本提高,能源价格也会随之提高,但价格上升到一定程度之后,随着市场竞争的加剧和供求关系变化的影响,价格开始逐渐抑制市场需求,价格上升的幅度也趋于平缓。在对能源的成本与价格之间的关系进行研究的过程中,需要注意以下几点内容:第一,确定能源成本大小能对能源价格产生实际影响的临界值;第二,对能源成本变化是暂时还是长期性的进行区分;第三,对市场竞争条件下或是垄断市场条件下的能源价格成本分别进行区分和确定;第四,确定能源成本在能源价格中所占的比例,以及能源价格对能源成本变动的敏感度;第五,区分影响成本变化的时间、空间及其相关因素。通过上述分析,有利于明确能源成本对价格波动的影响程度,从而为企业是否要通过控制成本降低价格提供决策依据。

（2）需求与供给。在市场经济中，产品的供求关系会对产品的价格产生很大的影响，能源也符合这一规律，其供求关系的变化也会影响能源产品的价格；此外，能源价格的波动，也会影响到能源消费需求的变化。在能源需求与价格相互影响的过程中，想要确定哪一个是主动产生影响，哪一个是被动接受影响，则需要进行全方位的综合考虑。在完全市场竞争条件下，产品供给与需求之间的相互作用，会产生均衡市场价格和均衡供需数量，也就是所谓的市场均衡状态。因此，在对能源价格波动进行具体分析的过程中，应对影响产品价格的所有因素都进行分析，这样才能对产品的价格变化做出准确的判断。

（3）国际市场价格。随着我国市场经济对外开放程度的不断加大，国际贸易中能源产品的交易量逐渐上升，因此国际能源市场价格对于国内价格的影响也逐渐加大。在国际和国内两个市场的作用下，石油、煤炭、天然气等能源产品的价格都受到了不同程度的影响。假设国内能源供应数量不变，但进口量增加，那么实际上也就是需求增加，此时国内能源产品的价格就会受到进出口增加的影响，随后该影响也会蔓延到其他非贸易产品中。

（4）金融因素。20世纪70年代，石油危机爆发，其对整个世界石油市场都产生了巨大冲击，同时也导致了石油期货的出现。此外，在国际能源金融衍生品市场中，还有天然气和电力等产品，但其交易规模却远远不能和石油期货相比。随着能源期货市场的出现，促使了能源商品的战略物资特性和金融特性的融合，在石油期货交易中往往就会生成国际油价，这样就造成了石油市场与金融市场的高度整合，金融因素进而也就成为了影响石油价格的一个关键因素。

（二）供求关系与能源价格形成

由于能源市场供给与需求的变化是决定能源价格最主要、最直接的因素，同时市场竞争机制也对能源价格形成有重要影响，因此有必要分析供求关系及市场竞争对能源价格形成的作用,如图 5-2 所示。

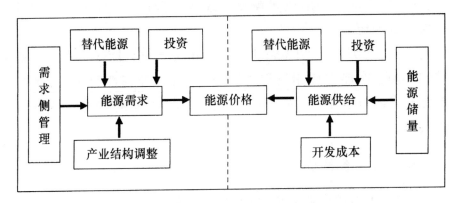

图 5-2　影响能源价格的综合因素

1. 供给关系与价格形成

能源供给价格受到供给因素的影响很大,主要表现在以下几方面。

(1)能源的价格越高,供给量就越多。

(2)能源资源本身的存量。

(3)能源投资的增加也会提高能源潜在供给能力。

(4)能源价格会受到替代能源及其价格的影响。

(5)能源的生产成本提高,就会降低企业的利润,这就会对能源供给形成抑制。

2. 需求关系与价格形成

能源需求对能源市场的影响巨大,同时其也是决定能源价格的重要因素。能源供求对交易价格的影响主要表现在以下几方面。

(1)能源价格会对能源需求产生重要的影响。

(2)能源投资也是影响能源需求的一个重要因素。假设能源需求价格弹性不为零,那么不同的价格就会影响到能源需求预测、不同的最佳投资计划、不同的成本估算以及不同的价格估算。

（3）市场经济中产业结构的调整，消费者生活条件的改善等生活因素会对能源需求产生直接的影响。

（4）替代能源的出现和普及会改变能源的机构，同时也会间接影响到能源需求。

（5）需求侧管理（demand side management，DSM）对能源需求的影响。在能源使用过程中，会产生各种外部性问题，因此在能源开发的过程中，应尽量减少直接投资，促使终端能源提高使用效率。

3. 竞争与价格形成

（1）对于能源产业来说，虽然其天生就带有一定的垄断特征，但还是会有竞争情况的存在。通过能源市场的有序竞争，能促使能源价格趋于合理，使能源行业获得利润与社会平均利润率靠拢。

（2）能源行业中的竞争主要指的是，能源供给方与能源需求方之间产生的竞争及其各自内部产生的竞争。对于供给方来说，其产生的竞争主要是不同种类能源之间的竞争，或者是同一能源但不同生产企业之间的竞争。而对于需求方来说，其竞争主要表现为不同需求群体之间产生的竞争，例如工业用能与商业、民用能之间的竞争，电力企业用能与非能源企业用能之间的竞争等。

（三）能源价格形成机制的主要内容

能源价格形成机制也就是价格管理体系，是解决能源产品定价问题的理论体系，其主要包括三方面的内容：第一，价格管理权限，即确定价格的决策主体；第二，价格形式，包括价格形成的方式、途径和机制；第三，价格调控方式，包括价格调控的对象、目标和措施。

1. 能源价格构成

在市场经济中，能源价值决定其价格，能源价值最终表现为价格,价格围绕价值上下波动。能源价格取决于供需平衡:第一,供给价格,可以反映出所有者的产权价值、生产者的劳动价值和针对外部性影响的补偿价值,这三方面的价值;第二,需求价格,根据边际效用论的相关理论,最后一个商品的使用价值即边际效用决定了能源使用者愿意支付的价格,由于能源具有一定的稀缺性,因此其边际效用在较高的水平时就可以达到供需平衡,这样也就造成了能源资源的交易价格较高。根据边际成本定价模型可知,能源定价中应该包括边际生产成本、边际使用成本、边际外部成本、市场退出成本。但由于难以精确定量稀缺性价值、外部成本和资源有用性价值,在实际能源定价操作中存在困难。一般而言,在不同的国家,其无论是在能源资源状况、市场条件、管理体制,还是在技术水平上都存在一定的差异,但是能源资源价格基本上都包括生产成本、企业利润、税金、能源资源费这几项。

2. 价格决策主体

能源价格对资源配置与资源利用有重要作用,能源价格的确定不仅与参与市场的各能源企业的博弈有关,也和政府对能源定价的干预密不可分。对于能源的定价,可以通过两种方式进行。第一,市场定价方式,也就是说能源资源最终价格的形成只是由供给和需求两个因素决定的。对于能源市场来说,充分发挥其市场机制是能源定价的主要方式,市场供给与需求对能源的定价有着极为重要的作用。只有实现能源资源价格的市场化,才能打破垄断的局面,实现资源的优化配置,提高能源资源的使用效率。价格市场化才能打破垄断,促进能源资源合理、优化配置和社会公平,实现可持续利用能源的目的。第二,政策性定价方式。能源对于一个国家的发展来说具有至关重要的作用,可以被视为是一个国家经济发展的命脉,再加上垄断或不完全竞争、公共物品、外部不经济导致的市场失灵、资源错配等,使得世界上所有的国家或地区都会对能源市场进行直接或是间接的干预。政府对市场实施必要和适度的行政干预机制反映了市场经济发展的内在要求。政府对市场经济干预的范围极为广阔，包括所有影响经济主体行为的政府行为。在市场经济条件下，政府主要会通过管制、法律和规则制度等手段，来对经济主体的行为进行规范，并且对市场运行中存在的缺陷进行矫正、补充和整改。但政府干预不当或过多会造成政策性的市场功能障碍，出现政府失灵的现象。因此政府要为价格的形成培育竞争的市场环境，在政府和市场的共同作用下，形成相对公平和真实的能源价格。

需要注意的是，能源价格的决策主体，与不同领域的能源价格的形成机制的特点有极为密切的关系，不同种类的能源的定价机制，与同种能源不同环节的定价，都有着不同的特征。如表 5-1 所示，以中国能源行业为例，在国内的石油产业中，无论是在原油开采、成品油炼制还是批发零售环节，如果引入竞争机制，那么就会导致多个供给者和消费者的出现，在这种供需竞争的基础上所形成的市场价格，最为有利于实现资源的优化配置。

表 5-1　能源各行业价格形成的目标模式

	上游	中游	下游
石油	勘探、开采	成品油	批发零售
	市场主导定价	市场主导定价	市场主导定价
天然气	勘探、开采	管道运输	批发零售
	市场主导定价	政府调控	市场主导定价
电力	发电	输电、配电	售电
	市场主导定价	政府调控	市场主导定价
煤炭	勘探、开采	运输	批发零售
	市场主导定价	市场主导定价	市场主导定价

在不经过液化的前提下，天然气需要经过专门的管道才能进行运输，因此该行业的技术、经济特性与电力行业（有专门输电的电网）较为相似。就天然气行业各个环节所形成的价格来看，如果将"井、网、售"全部分离来看，应该将天然气的井口价格和用户终端价格实现市场化，而对于运输价格来说，则应该在政府监督

下最终形成。

对于电力行业来说,可以通过竞价的方式确定发电环节的定价,在合理的市场交易规则下,通过发电企业与用户之间的竞争所形成的定价,可以有效降低发电成本,实现资源的优化配置。与发电环节相同,售电环节也不存在垄断性,因此可以引入竞争性零售商制度,让用户自主对供电方进行选择,在销售电价与上网联动的机制下,实行竞争性可中断电价。与上述两个环节不同,电网经营具有自然垄断特性,引入竞争机制是不恰当的,因此在这种情况下就需要政府对配电环节所形成的价格进行管制,按照成本加利润的方式所形成的电价,有利于实现电网的健康发展。

从当前中国煤炭的发展现状来看,煤炭的勘探和开采环节已经基本实现了市场定价,但需要注意的是,由于煤炭的产地与消费地区通常不在一个区域,因此在煤炭的终端定价中,运输费用就会在其中占据重要的位置。除此之外,从当前我国煤炭的使用现状来看,大部分的煤炭都用于发电,在电力价格的管制和电力产业的高度集中的影响下,电力企业具有很强的市场势力,由此造成电煤价格无法实现彻底的市场化。

3. 定价模型

在本章的第一节中,我们已经从价格水平层面较为详细地论述了边际成本定价模型和平均成本定价模型以及价格上限规制等。但从能源价格结构层面考虑的话,主要包括线性定价和两部定价、高峰负荷定价、差别定价等非线性定价。

4. 能源价格调控机制

应当明确的是,国家对能源进行调控的根本目的是,实现能源商品价格能够尽可能反映出能源供求关系、资源稀缺程度、能源资源价值、能源商品之间的比价关系,弥补市场价格机制的缺陷,实现市场价格机制的正常运行。

能源价格调控是一个长期动态的过程,由于能源价格的不确定性,再加上能源价格调控主体自身的变化,因此选择相应的能源价格调控模式较为困难。对确定价格调控模式产生影响的主要因素为时间和外部环境的变化,能源价格调控模式的选择也需要遵循一定的规则,包括宏观效益原则、适时适度原则、市场化原则和可持续发展原则等。

政府与市场在价格调控中所占据的地位,决定了能源价格的调控模式,也就是说,如果政府与市场之间存在不同的组合,那么也就决定了会有不同的能源价格调控模式。一般来说,能源价格调控的基本模式需要经历由政府主导向市场主导的三个转换阶段:第一阶段,即近期为政府主导的市场调控模式,也就是说采取政府为主导的市场价格调控模式,加强对垄断企业或是垄断环节的政府规制,对市场行为进行规范,最终形成合力的能源价格机制,降低能源价格波动对经济发展的不利影响。第二阶段,即中期为政府引导的调控模式,即能源价格市场化必须以市场配置资源为主导方式,政府逐步退出商品定价环节和定价领域,能源价格调控主体必然要由政府向市场转变,市场逐步成为价格调控主体。第三阶段,即远期为自由调控模式,一个国家的能源资源对国家经济安全具有重要的影响,因此政府会加强对能源资源的价格引导和关注,并最终确立起对能源价格进行政府引导的市场调控模式。

第二节 能源价格对能源强度的
影响及传导机制

一、能源价格对能源强度的影响

能源强度是反映能源利用效率水平的一个综合性指标。能源价格对能源强度的影响,一般是通过经济手段提高能源价格、改善能源效率并降低能源强度得以实现的。

在通常情况下,能源价格对能源强度的影响主要是通过两个途径实现的,即生产和最终使用。从生产的角度看,主要表现在三方面。第一,适度提高能源价格,迫使企业将能源作为一种生产要素,与资本和劳动要素进行替换,减少企业对能源的使用量,进而降低能源强度;第二,能源价格对能源强度的调节,还表现在对能源消费结构的调节效应上,促使企业对能源的消费结构由低效率向高效率进行转变,实现能源消费结构的升级,不同的能源之间可能存在相互替补的情况;第三,对能源价格的适度调整有利于促使企业对生产技术的更新换代,提高能源价格会增加企业的生产成本,这样就会促使企业使用创新技术,提高资源利用率,减少企业对能源的需求,降低能耗量。从产品最终需求的角度来看,提高能源资源的价格会拉高能源衍生品和下游产品成本,进而促使能源资源需求结构的转变和优化。

尽管能源价格的提高对经济发展会在一定程度上降低能源强度,但不可避免的是,其也会对宏观经济的发展产生一定不利的影响。从短期来看,提高能源价格会导致出口价格的上涨,出口水平就会有所降低;从长期来看,提高能源价格,会拉低国内需求。

从总体上来说,能源价格对能源强度的调节是极为有效的。在市场经济中,如果其他要素价格保持平稳的状态,那么能源价格的上涨就可以促使能源使用效率的提高,这样就可以有效降低能耗与能源强度。换句话说,能源价格的上涨会使企业生产成本提高,进而推进国民经济各个产业进行技术改造,提高能源的使用效率,降低企业对能源的需求,从而降低生产成本,这样就可以在一定程度上降低能源强度。除此之外,提高能源价格还可以对能源需求结构进行优化,降低企业对各种能源和非能源产品的需求,进而降低能耗。

二、能源价格对能源强度影响的传导机制

虽然能源价格的调整可以有效降低能源强度,但却不是单独

起作用的,通常都会选择将价格作用与其他因素相结合的方式来对能源强度进行调节。虽然企业对能源需求结构的优化以及提高生产技术可以降低能源强度,但是这两个因素也会受到能源价格水平的制约。

如果能源的价格较高,那么从生产的角度来看,以能源为生产要素的企业就会加快生产设备的更换、升级,提高对能源的使用效率,降低对能源的需求,进而降低能源强度;从使用的角度来看,企业对能源的需求结构会发生转变,企业会趋向于选择使用低耗能的产品,这样就可以降低高耗能产品的市场占有率,降低出口量,能源强度随之降低。

如果能源的价格较低,那么它就不能最为真实地反映出市场能源的供求关系,导致企业或是普通消费者对资源的无节制浪费情况,从而大大提高能源消耗强度。

因此,可以说能源价格变动会对企业技术进步和最终需求转换产生重要的影响,并对其具有有效的调节作用,如图 5-3 所示。

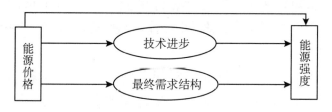

图 5-3 能源价格对能源强度影响的传导机制

第三节 能源价格对市场配置的调节作用

一、影响能源价格形成的主要因素

能源价格波动表现出复杂性特征,其主要原因在于能源产品的价格并不是简单地由能源供需决定的。由于能源产品的特殊性,能源价格的影响因素很多,除供需基本因素外,经济的、政治的、军事的、自然的、现实的与预期的,各种各样的因素错综复杂地交织在一起,综合地影响能源价格的形成。例如,大量实证研究发现,国际投资基金已对国际能源价格的形成产生实质性的影响。其中,Jose et al.(2002)用分形理论发现世界三大基准原油现货价格表现为非高斯白噪声过程,他认为主要由市场投机者的投机行为造成,并且价格波动的一些非对称特点似乎也与投机行为有某种程度的契合。2006年年初,前高盛石油生产策略分析师麦克·罗斯曼估计,当时每桶60美元油价中,大约有1/3是由投机造成的,即每桶原油有18～20美元的溢价由投机因素造成。美元是国际油价的定价标准,随着美元贬值,大幅度缩减了石油出口国的收益。

(一)地缘政治

近年来,恐怖活动频繁发生,其对能源设施造成了严重的破坏,全球都开始担忧能源是否能实现正常的供给,在国际能源市场价格中将出现严重的"恐怖溢价",其会随着投机活动的出现,使溢价更加严重。一些专家在研究后认为,在当前的国际油价中,每桶油价中大约有10美元是由于担心恐怖袭击从而形成的"风险溢价"。能源生产国的政治局势是影响国际能源市场价格的另一个重要因素。

(二)天气因素

对于大多数的化石能源来说,其生产活动主要是在野外进行,因此经常会遇到极为恶劣的天气,这对能源的开采会产生严重的影响,尤其是像飓风这类自然灾害,对能源设备的损毁十分严重,会导致能源生产企业在短时间内遭受巨大的损失。能源的需求则呈现明显的季节性。夏季是用电的高峰时期,在西方国家,夏季通常也是人们自驾游的高峰时期,这就使得人们对于汽油的需求极为旺盛,冬天是取暖用油的高峰时期,因此,需求量受到气温的显著影响。我国春季农忙是柴油需求量高峰时期。

除上述因素外,经济周期、运力、市场竞争的规范程度等因素也都会显著影响能源价格。

二、能源价格对市场的调节作用

从长期来看,决定能源价格的主要因素仍然是能源的供需,能源价格特殊的地方表现在影响能源价格的因素较一般商品复杂得多,加之能源金融化发展趋势,导致能源价格波动甚至出现混沌等复杂动力学特征。但无论其变化多么复杂,能源价格作为市场最主要的调节机制,其价格变动仍然是实现能源资源优化配置最主要的市场调节者。

此外,能源价格的市场调节效应还表现为促进能源消费结构,产业结构转化,进而降低行业能源强度。例如,实证研究发现,能源价格上涨通过优化经济产业结构,进而降低了能源强度,即能源价格成为提高能源效率的一个驱动力,成为市场体制中调节能源强度的重要因素和手段。

但正如前文所述,由于决定能源价格形成的因素太复杂,很多时候,特别是在短期,受某些突发事件影响,形成的能源价格根本没有合理地反映市场供需状况,甚至完全脱离了供需基本面,这样的能源价格失去了调节市场的能力和作用。

如我国煤炭行业集中度低,进入门槛低,小煤窑泛滥,市场过度竞争,形成的价格偏低。偏低的价格(低于边际机会成本)进一步刺激过度开发利用,恶化环境,并造成资源的大量浪费。有数据显示,我国煤矿资源平均回收率仅为30%左右,而美国、澳大利亚、德国等发达国家的资源回收率能高达80%左右。价格偏高(高于边际机会成本)则抑制合理消费,影响经济发展和居民福利。能源资源的稀缺性决定了必须将能源视作一种生产要素,并力求使能源的价格真正、充分地反映市场供求和它们的稀缺程度,让资源开发和使用者承担能源资源耗竭的真实成本,以便充分发挥能源价格的市场调节作用。

三、能源价格政策

如果具备了一个完全竞争的能源市场,而且能源价格包含了外部因素,竞争性定价机制将是资源优化配置的最有效途径。如果不考虑能源行业的特性而单纯由市场机制形成能源价格,能源行业的垄断问题和外部性问题都会造成市场价格的某种(向上或向下)偏离,市场机制本身无法进行纠正。如果没有政府干预,由于能源行业的一些特殊属性,市场机制确定的价格不能完整反映能源供给和能源消费的社会成本,能源市场的调节实际上是处于低效状态的。由于能源对于国民经济的敏感性和重要性,能源行业的人为垄断也很常见,就有可能出现自然垄断和人为垄断同时并存的情况。

(一)能源定价原则

对于能源定价原则来说,大体上需要注意两点:一是能源定价应在包含环境和其他外部因素的全成本原则下进行,确保中长期的能源需求,提高能源效益,保证经济持续增长;二是边际成本和机会成本定价是制定合理的价格水平与价格结构的基本原则。

能源定价原则具体化时,从各国实际情况看,合理的能源制定原则应包括以下方面。

1. 补偿成本原则

想要确保能源企业的正常生产,维持市场对能源的需求,就必须要保证合理的能源定价,在这一过程中,能源价格保证能够对生产企业的生产投入进行补偿是最为基本的原则。

2. 补偿利润原则

能源作为一种战略资源,能源产业的高投入特点使得规模经济形成自然垄断特征,加之能源例如电力、天然气等的供应,都具有很强的公益性特点,世界上的大多数国家都会对这些能源的价格进行管制,从而在保证能源生产企业能够获得适当的利润的前提下,严格对能源的利润水平进行控制。

3. 用户参与原则

能源价格的影响范围极为广泛,会涉及经济社会的各类生产和生活部门,尤其是对于收入较低的普通群众来说,影响是最大的。如果能源价格过高,那么就会对这些低收入人群的支出形成一定的负担,甚至还会影响到他们的基本生活。因此,在世界上的很多国家,在对能源进行定价的过程中,都会重视让用户参与到能源定价的过程中。

4. 提高资源配置效率原则

合理的能源定价,不仅有利于优化资源配置,减缓能源资源供需矛盾,而且对提高能源资源的开发利用率、减少污染和抑制能源浪费具有重要作用。

5. 适时调整原则

由于能源市场价格波动、国内通货膨胀以及劳动力价格等因素,能源生产企业的生产成本也在变化,为了保障成本回收及合理利润,必须根据相关因素适时调整能源价格。

(二)能源政策目标

在政府的能源价格政策目标中,经济效率、社会公平和收入再分配是最常见的三个社会目标。这三个目标都很重要,对于某些具有公共产品属性的能源商品(电力、天然气),社会公平和收入分配在某种程度上甚至更重要。如果没有必要的约束限制,能源市场的失灵不但会产生严重的效率损失,也会严重地影响社会公平和收入分配(譬如垄断造成的高价格)。能源行业的垄断及其外部性问题是政府干预市场的经济学理由。政府一方面要通过各种手段使能源生产和消费的外部性尽可能地内部化,另一方面还要通过监管来限制垄断企业的市场力量。

价格控制是一种典型的政府干预方式。许多国家的政府都会采取相应的政策来控制各能源价格,例如对天然气价格实现最高限价,以保证那些缺乏购买力的消费者也能得到生活的最低需求量。我们从公共政策角度来理解能源定价的政策目标。

1. 提高能源效率

由于能源利用的外部负效应,完全由市场决定的数量都会偏高,而价格偏低。如果获得最高的经济效率,应该按照能源生产和消费的边际社会成本来定价。如果不能做到外部效应内部化,那么由市场机制实现的资源配置结果即能源生产和消费数量与社会最优水平相比明显偏高。因此,需要政策干预(譬如征收能源税、环境税),在能源定价中考虑社会成本,尽量使能源消费向社会最优水平靠拢,从而提高能源效率。

2. 能源企业的财政持续

财务持续主要指受管制的能源企业在没有政府财政补贴的情况下,仍能保证能源企业获得充足资金来满足企业的生存和发展需要,从而使得提供的能源服务与政策目标相一致。具有自然垄断的能源行业往往也是准公共产品(电力供应、天然气供应),可以看成公用事业。根据经济效率原则,应该根据边际成本来进行定价。但是,利用边际成本定价所获得的收入一般无法补偿企业的固定资本投资,财务可持续目标和经济效率目标相互冲突。那么,如何在保证企业收支平衡的前提下进行能源定价以使社会福利最大化,这就导致了经济学中的"次优"问题。在考虑多重政策目标下(例如经济效率和财务可持续),为了能在经济效率最大化前提下回收企业固定成本,产生非线性定价的求解思路,我们将在后面章节讨论两部制定价。

3. 降低环境影响

能源行业是外部性问题比较严重的行业。外部正效应(即外部经济)的例子如,水电站建设不仅可以达到生产电力的主要目的,而且可以在改善生态环境、减少污染等方面产生对社会有益的"副效应"。外部负效应的典型例子如,在能源生产(如火力发电)和消费(如燃煤取暖)过程中造成环境污染。在市场经济条件下,如果没有来自外部的适当干预,外部性存在的一般后果是:与社会最优产量相比,负外部性往往使得生产量过多,而正外部性使得生产量不足。对于具有负外部性的能源供给与消费来说,完全由市场(即使是充分竞争的)决定的能源生产和消费数量会偏高,从而产生更多的环境影响。在能源价格中考虑将环境成本内部化,是减轻环境影响的有效手段。例如,对能源商品征收碳税,对发电厂征收二氧化硫排污费。

4. 稳定、充足和优质的能源服务

能源短缺对经济社会发展造成的负面影响往往大于能源过剩的影响。短期会引致通胀压力增加,并对经济活动产生负面影响;严重的能源短缺会形成能源危机,严重打击经济发展,并影响社会稳定。提供稳定、充足和优质的能源服务,这是任何一个政府能源政策的首要目标。

5. 其他宏观目标

此外,在一些国家特别是处于那些正在向市场经济转型的国家,往往在能源定价中会考虑一些宏观调控目标。这是因为,按照边际社会成本定价的原则,能源价格应该包含环境外部性成本和资源使用的机会成本。能源资源的生产和消费,是典型的高投入、高消耗、高污染,其资源成本和环境成本如果全部反映在能源价格中,很可能造成能源价格的大幅度上涨。能源处在经济产业链的上游,属于基础产业,能源价格的上涨会带动与能源相关的上下游行业产品价格一连串的波动,继而对通胀水平和宏观经济的其他方面造成影响。因此,不但转型国家在市场化的能源价格改革中要确保能源价格变动不致过分加大通胀压力,从而削弱宏

观调控的效果；即使是市场化程度相当高的国家，对于将能源利用的外部性进行内部化也要非常谨慎，这是因为过高的能源价格不仅会伤害本国产业，还会对居民生活造成较大负担。

最后需要注意，政府干预也会出现"失效"。在能源问题上，政府失灵的先例并不少。例如，过度的能源补贴所造成的能源低效利用。

第六章　能源效率的影响要素机制及测度测量

　　能源是国民经济发展的动力,是现代文明的物质基础,安全、可靠的能源供应和高效清洁的能源利用是实现社会经济持续发展的重要保证。当今,能源短缺和能源消费引起的环境污染问题已经引起了全世界人民的关注,同时世界各国在寻求能源可持续发展道路时也需要把提高能源利用的效率、节能降耗列为能源发展战略的关键环节。

第一节　能源效率的影响要素与机制

一、技术进步因素及其机制

　　技术进步是影响能源效率的重要因素。随着现在科技的不断发展,新技术不断的出现,新工艺和新设备的使用中,在相同的产出条件下能够增加更多的产出。技术进步对于中国的能源效率提升而言具有尤为重要的意义。产业结构调整虽然被实证研究证明是影响能源效率的重要因素,而且产业结构的调整对能源的影响具有一定的指导性,而来自中国的经验研究发现,自 1995 年起产业结构调整对能源效率的积极作用正在逐渐消失甚至产生负向作用,而近期的实证研究也证实了上述判断。李廉水和周勇据此认为技术进步成为降低能源强度的"唯一依靠"。但是由于技术进步会引致回弹效应(rebound effect)从而一定程度上增加了能源消费,使得技术进步最终对以能源生产率衡量的能源效率有何种影响难以界定。关于回弹效应一直是国外在能源效率的技术因素方面研究的热点问题,国外学者对回弹效应的机制、存在性及其大小等方面进行考察,而国内对于回弹效应的研究尚处于起步阶段。

二、经济制度因素

近年来对于转型国家的研究发现,在这些国家中经济制度是影响能源效率的重要因素,对此的解释为:一个国家良好的经济制度能够帮助企业提高工作效率,而且能够促进企业能源效率的提高。市场机制通过能源价格、对外开放等改变消费者和企业面临的激励和约束条件间接作用于能源效率。史丹将市场经济对能源效率的作用机制解释如下:第一,主要是用于改善企业的 X 效率,也就是指企业的内部效率。第二,主要是能够改善能源的配置效率。在企业进行生产过程中,如果投入量是固定的,如果投入中的要素发生了一定的变化使得企业的产出有所增加而没有造成其他产出的减少,那么说明企业的内部存在 X 低效率,那么 X 就能够代表造成配置非效率的一切因素。史丹通过研究 1980—2000 年的能源消费判断,我国的能源 X 低效率普遍存在,由于改进能源 X 低效率主要取决于人的行为,而人的行为则是对环境的反应,而我国经济体制改革的深入和市场经济的逐步建立提供了有利于改进能源 X 低效率的新的环境。

三、能源价格因素

能源价格是影响能源效率的经济工具之一。能源价格影响能源效率的主要机制为,根据诱致性技术变迁理论,能源价格上升在长期将通过刺激和诱发技术进步而提高能源效率。姜照华和徐国泉把能源价格对能源效率的影响研究表述为:能源的价格能够通过影响到能源的消费成本和为了提高能源的有效利用而研究的新技术与目前能源收益之间的对比,从而可以引导能源用户使用新技术用来提高能源的有效利用率。何凌云和林祥燕则从企业的边际生产要素决定的微观视角解释能源价格对能源效率的影响,由于能源价格上升改变了企业面临的最优要素比例条件,即资本的边际产品比能源的边际产品等于资本的价格比能源价格,当资本等其他生产要素价格保持稳定时,能源价格的上升会引致能源边际产品增加即能源效率提高。能源效率与能源价格具有双向关系,能源价格的提高通过成本机制和诱致性技术变迁机制提高了能源效率;能源效率的提高又会缓冲能源价格变动对经济增长的冲击,缓解经济的短期波动。师博运用协整分析与误差修正模型检验国际石油价格波动、能源效率与我国产出增长率之间的长期均衡关系。Chang 和 Wong 运用脉冲效应和方差分解技术发现,由于 1989 年以来新加坡的能源效率得到了改进,石油价格波动对新加坡经济的影响甚微,即能源效率的提高可以通过影响能源消费缓解石油价格波动的逆向冲击。

四、对外开放因素

对外开放也是影响能源效率的重要因素,对外开放增强了要素的国际流动性和资源配置效率,使能源效率得以提高。史丹的分析认为,尽管要素流入和要素流出(用 GNP 与 GDP 的差值表示)都有利于能源利用效率的提升,但是其作用方式是不同的,1980—2002 年能源利用效率的提高与要素流出相关,而 1993 年之后则与要素流入相关,要素流入对能源利用效率的改善作用主要取决于 FDI 所带来的技术和管理效应。李未无分析了对外开放影响能源效率的一般途径,即对外开放通过进出口贸易商品结构差异、能源价格、节能技术和资本品进口、新的国际分工和全球价值链模式等途径影响能源效率;基于 35 个中国工业行业的数据实证分析表明,进出口贸易商品结构、国外技术引进、国际原石油价格提高和原油对外依存度提高对能源效率产生正向影响,而现有国际分工模式和全球价值链中的地位、国内相对较低的能源价格水平对能源效率产生负向影响,而对外开放对能源效率影响的总体方向为正,即对外开放促进了中国工业能源利用效率的提高。熊妍婷等从国际贸易和外商直接投资两个方面刻画了对外开放影响能源效率的机制。国际贸易通过优化进出口商品结构、促进要素交流和产业升级提高能源效率,而外商直接投资则通过示范—模仿效应、竞争效应、关联效应、人力资本效应等渠道对能源效率产生积极影响。

五、政府行为与所有制改革

目前对于政府行为和所有制改革对能源效率的研究较少,刘红玫和陶全将以明晰企业产权和多元制发展为主要内容的所有制改革和1984—1999年由双轨制变化为全部由市场定价的价格改革视为1997—1999年中国行业内部能源效率变化的主要因素,但是没有对其作用的大小进行测度。徐盈之和管建伟用财政支出占各省GDP的比重作为政府行为的替代变量,阐述了政府行为对于区域能源效率差异的影响:从我国对能源管理的做法来看,主要是我国政府对能源的价格通过行政审批和国家能源补贴的方式来稳定企业的能源价格,但是这种做法无法提高能源要素的配置效率,同时也阻碍了能源技术的研发和创新。

第二节　能源效率的测度及其测量方法

一、能源效率的测度

能源效率的测算指标主要分为两种,一种是单要素能源效率,主要测算的是能源要素与能源产出之间的对比,不考虑其他相关的要素;另一种是全要素能源效率,在测算过程中需要把各种投入要素考虑到其中,所以评价能源效率的指标包括了很多方面,比如劳动力、能源、资本投入等。

（一）单要素能源效率

单要素能源效率指标主要包括以下四个方面。

1. 物理热力学指标

该指标是混合性指标，其中能源投入是以热量单位计算，产出是以物理单位测量。这些物理单位测量生产中所产生的服务，譬如，产品的重量或者运输的里程数。同传统的热量指标相比，该指标更能直接反映出消费者所需要的终端服务。该指标的缺陷在于，每个产业部门生产的产品不同，可能导致同一种能源投入会有两种或者多种产出，对不同产出之间难以进行加总，因此难以计算总的能源效率。

2. 热力学指标

热力学指标完全依赖于对投入、产出的热量测度，按照不同的热量测度方法。例如用生产过程中有用的能源（热量）产出之和与生产过程中投入的所有能源（热量）之和的比来表示热量效率。

3. 经济性指标

这类指标纯粹根据市场价格来测量能源效率的变化。能源的投入及其产出都是货币计量。常见的计算为：国民能源投入/国民产出（GDP）。"能源价值—GDP"比值同"能源投入—GDP"比值相比较，更能准确地反映能源经济生产率，并且还可以提供能源价格信息，从而反映出对能源的供需变化。

4. 经济热力学指标

该指标也是一个混合指标，其中生产的服务（产出）按照市场价格计算，能源投入按照传统的热力学单位计算。该指标可用于测量不同层次的经济活动效率，包括微观的生产以及宏观的部门甚至国家层面。主要包括：一是单位 GDP 能耗指标，也叫能源消耗强度，是最为常用的测量一国能源效率的指标；二是能源生产率指标，它同单位 GDP 能耗比值之间是倒数关系。

（二）全要素能源效率

全要素能源效率是相对于单要素能源效率来说的，单要素能源效率侧重于衡量一个经济体的有效产出和能源投入的比值，全要素能源效率是指将能源投入要素与资本、劳动力等要素结合起来，考虑其对经济产出的影响，是评价能源效率的综合指标。

全要素能源效率的定义为：经济增长过程中，在除能源要素投入外的其他要素（如资本、劳动力）保持不变的前提下，按照最佳生产实践，一定的产出（如 GDP）所需的目标能源投入量与实际投入量的比值。该指标是一个无量纲的变量，且是一个不大于 1 的正数。全要素能源效率是基于微观经济学中的技术效率提出的，在微观经济学中，技术效率被定义为在生产技术不变、市场价格不变的条件下，按照既定的投入比例，生产一定量的产品所需要投入的最小成本占实际生产成本的百分比。

数据包络分析是全要素能源效率测定的主要方法，该方法是用数据规划模型来评价相同类型的多投入、多产出的决策单元是否技术有效的一种非参数统计方法。

能源利用是多因素综合投入、相互作用的过程，需要综合考虑能源、资本、劳动力等生产要素的影响，这样才能全面反映生产要素之间的替代和转化作用，正确评价能源利用效率。

二、能源效率的测量方法

（一）能源宏观效率

目前国际上通用的是单位 GDP 能耗这个宏观的指标，所以一般也叫作能源强度，或者是能源宏观效率，主要是用来测量一个国家、地区或者是行业的能源的总体效率水平。一般来说，单位增加值所消耗的越少,它的能源宏观效率就越高。单位增加值所消耗的多少与很多因素有着必然的联系,比如国家的技术水平、能源的地理位置、当地的天气气候、能源价格等。在过去的两百多年,有些发达国家在工业化发展阶段就出现了单位 GDP 能耗上升时期,到达了高峰值之后,就开始出现回落。一般来说,国家进行工业化发展越晚的国家,其单位 GDP 能耗就越低,这主要取决于技术的发展和后者发展的优势。

图 6-1 是金砖四国和部分国家单位 GDP 能耗。从图中我们可以看出,大部分发达国家都是在 45°的对角线的附近,而印度、俄罗斯、中国等这些发展中国家就离 45°对角线存在一定的距离。

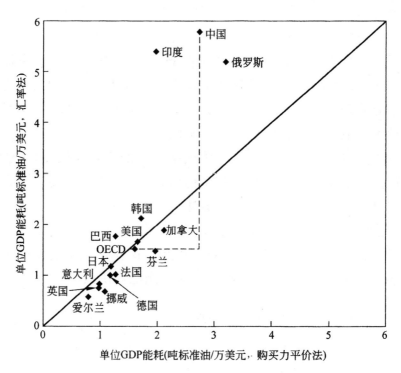

图 6-1　金砖四国和部分 OECD 国家 2007 年单位 GDP 能耗

我国各地区单位国内生产总值能耗降低率见表 6-1。

表6-1　各地区单位国内生产总值能耗降低率

地区	"十一五"时期实际值	"十二五"时期指标值	2006—2015年累计指标值	地区	"十一五"时期实际值	"十二五"时期指标值	2006—2015年累计指标值
全国	19.06	16	32.01	河南	20.12	16	32.9
北京	26.59	17	39.07	湖北	21.67	16	34.2
天津	21.00	18	35.22	湖南	20.43	16	33.16
河北	20.11	17	33.69	广东	16.42	18	31.46
山西	22.66	16	35.03	广西	15.22	15	27.94
内蒙古	22.62	15	34.23	海南	12.14	10	20.93
辽宁	20.01	17	33.61	重庆	20.59	16	33.6
吉林	22.04	16	34.51	四川	20.31	16	33.06
黑龙江	20.79	16	33.46	贵州	20.06	15	32.05
上海	20.00	18	34.40	云南	17.41	15	29.7
江苏	20.45	18	34.77	西藏	12.00	10	20.8
浙江	20.01	18	34.41	陕西	20.25	16	33.01
安徽	20.36	16	33.10	甘肃	20.26	15	32.22
福建	16.45	16	29.82	青海	17.04	10	25.34
江西	20.04	16	32.83	宁夏	20.09	15	32.08
山东	22.09	17	35.33	新疆	8.91	10	18.02

（二）能源实物效率

能源实物效率主要是指单位产品能耗或者是工序能耗，是一种比较常见的技术指标，但是这个指标一般是不含价值量。比如，吨炼铁能耗、吨炼钢能耗、吨水泥能耗等。一般来说，能源实物效率适用在相同能源生产企业之间的对比，主要反映了能源企业的技术水平和管理水平。当今，我国很多行业协会所推广的"标杆能效法"主要是以能源实物效率为主要的参考指标。在"十二五"规划期间,国家对能源的重视,我国的能源宏观效率出现了一定下降的趋势,对于能源实物效率也给出了一定的改进目标,见表6-2。

表6-2 "十二五"能源规划中的能源实物效率改进目标

指标	单位	2010 年	2015 年
火电供电煤耗	克标准煤/千瓦时	333	325
火电厂用电率	%	6.33	6.2
电网综合线损率	%	6.53	6.3
吨钢综合能耗	千克标准煤	605	580
铝锭综合交流电耗	千瓦时/吨	14013	13300
铜冶炼综合能耗	千克标准煤/吨	350	300
原油加工综合能耗	千克标准煤/吨	99	86
乙烯综合能耗	千克标准煤/吨	886	857
合成氨综合能耗	千克标准煤/吨	1402	1350
烧碱(离子膜)综合能耗	千克标准煤/吨	351	330
水泥熟料综合能耗	千克标准煤/吨	115	112
平板玻璃综合能耗	千克标准煤/重量箱	17	15
纸及纸板综合能耗	千克标准煤/吨	680	530
纸浆综合能耗	千克标准煤/吨	450	370
日用陶瓷综合能耗	千克标准煤/吨	1190	1110
铁路单位运输工作量	吨标准煤/百万换算	5.01	4.76
营运车辆单位运输周转量能耗	千克标准煤/百吨公里	7.9	7.5
营运船舶单位运输周转量能耗	千克标准煤/千吨公里	6.99	6.29
民航业单位运输周转量能耗	千克标准煤/吨公里	0.450	0.428
公共机构单位建筑面积能耗	千克标准煤/平方米	23.9	21
公共机构人均能耗	千克标准煤/人	447.4	380
汽车(乘用车)平均油耗	升/百公里	8	6.9

（三）能源物理效率

能源物理效率主要是指能源的热效率,它主要是根据热力学定律进行计算的。根据不同的能源开发环节,一般可以分为能源的开采、能源加工、能源储运和能源的充分利用等。在过去的二十多年,我国的能源物理效率得到了很大的提高,2005 年期间,能源的开采效率为 33.2%,中间加工环节利用效率为 68.4%,终端的利用效率为 52.9%。

（四）能源价值效率

因为不同能源之间存在一定的差异性,所以就算具有相同热量的能源,所产生的功效也是不同的。在有些国家或者地区,虽然能源的消耗较低,但是所消耗的能源很多是优质能源,所以其能源的成本并不会太低。为了能够更合理地对能源效率进行测量,就需要对能源价值进行评估。所以能源价值效率这个值也是十分重要的衡量指标。如果能源的服务产出量可以用价值量进行衡量,那么能源价值效率与能源宏观效率、能源实物效率结合起来进行比较,可以发现能源效率存在一定差距的主要原因。在对能源价值效率进行计算的过程中,需要统一价格标准。所以能源价值效率一般适用于横向比较,它的主要优势在于不受国际汇率的影响。

第三节　能源有效利用的分析方法

一、热平衡分析法

（一）能量平衡和热平衡

能源平衡法主要是根据能量守恒定律进行的,采用了"黑箱方法",利用收入能量与支出能量的平衡关系进行评定,从而定量分析出能量的情况,从而提高能量的使用率。

"黑箱方法"主要是指通过试验、观测,通过输入和输出的数据来研究黑箱所具备的功能和特性,从而来研究其机理和构造的一种研究方法。

能量平衡既包括一次能源和二次能源所提供的能量,也包括工质和物料所携带的能量,以及在工艺过程、发电、动力、照明、物质输送等能源转换和传输过程的各项能量收支。由于热能往往是能量利用中的主要形式,因此,在考察系统的能量平衡时,通常将其他各种形式的能量(如电能、机械能、辐射能等)都折算成等价热能,并以热能为基础来进行能量平衡的计算,因此往往又将能量平衡称之为热平衡。

能量平衡的理论依据是众所周知的能量守恒和转换定律,即对一个有明确边界的系统有

输入能量=输出能量+系统内能量的变化

对正常的连续生产过程,可以视其为稳定状态,此时系统内的能量将不发生变化,于是有

输入能量=输出能量

所以,能量平衡主要是通过对输入与输出的能量数量和状态进行分析来分析能量的使用率和所存在的主要问题,并不是主要考察其内部的变化,所以这就是一种典型的"黑箱方法"。

具体做法如下:①确定热平衡分析的范围;②根据热力学第一定律对所选定范围进行热平衡测试;③热平衡测试时不能有漏计、重计和错计等错误;④热平衡测试结果用表格或热流图反映,以便于分析;⑤分析的重点是各种损失能量的去向、比重,以便采取措施减小损失。

图 6-2 为典型的热平衡系统。

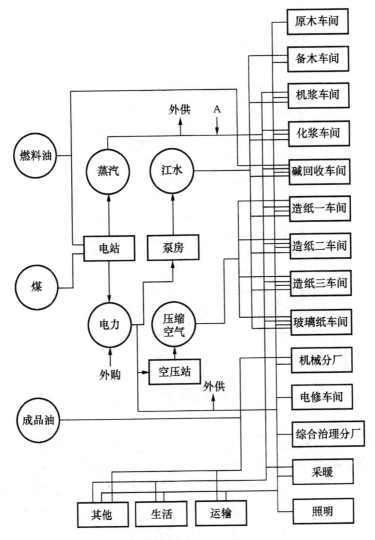

图 6-2　典型的热平衡系统

（二）能流图

由于图形比表格应用更加直观、形象，因此在能源管理中各种应用图也越来越多，而且有的应用图已经有相应的国家标准。常用的有热流图、能流图和能源网络图。

图 6-3 为某一大型锅炉的热流图，图 6-4 为某炼铁厂的能流图。

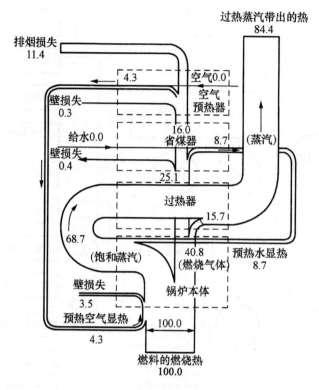

图 6-3 某大型锅炉的热流图

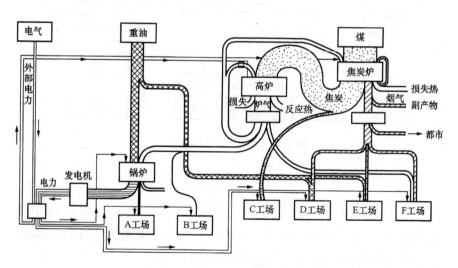

图 6-4 某炼铁厂的能流图

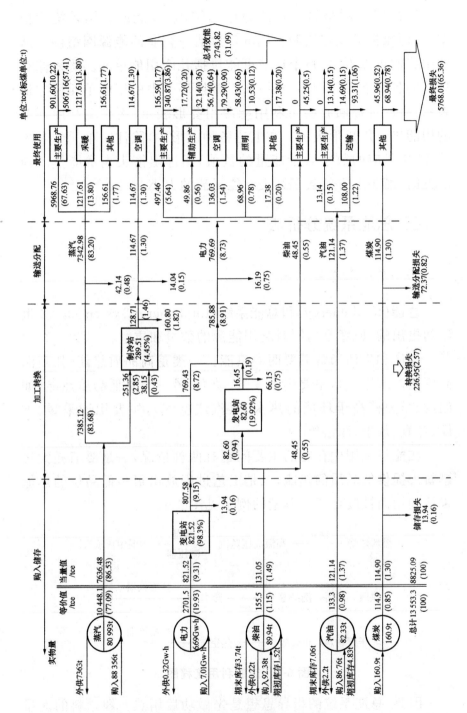

图 6-5 某企业的能源网络图

能源网络图是另一种能源应用图,它以能源利用系统为依据,按国家标准规定绘制。图 6-5 为某一企业的能源网络图。从图中我们可以看出,每个环节可能包括几个用能单元。购入储存环节的各种能源用圆形表示;加工转换环节中的用能单元用方形表示;生产过程回收的可利用能源用菱形表示;而终端利用环节的用能单元用矩形表示。在上述各种图形中,除注明单元的名称外,还用相应的数字表示能量的数值,用进出箭头表示能量流向的方向,箭头上方的数字则表示能量流的大小。

二、总能系统分析法

(一)总能和总能系统

总能(total energy)和总能系统(total energy system)是 20 世纪初提出的,原意是指同时利用能源的数量和质量。

生产和生活通常需要两类热能。一类是高品质热能(如高温高压蒸汽或燃气),主要用于发电、动力;另一类是低品质热能(如温度、压力稍高于环境的热水、蒸汽或空气),主要用于采暖、干燥、蒸煮、炊事、沐浴等。

在能量利用中存在的主要问题有两种情况,一是要消耗大量燃料去提供低品质的热能,二是工艺过程放出很多低品位的热能未被利用而被废弃掉。典型的例子见图 6-6。

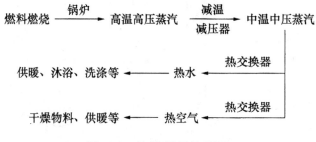

图 6-6　热能利用流程图

因此,总能系统的指导思想是先做功后用热。即燃料的能量先通过汽轮机或燃气轮机或内燃机做功或发电,然后把低品位热量作为热源加以利用;对于工艺过程放出的热量,先做功后再作热源使用。典型例子见图 6-7。

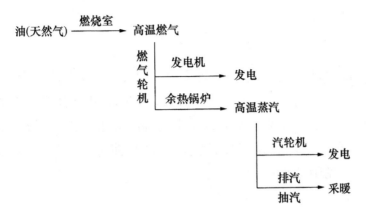

图 6-7　能量的合理使用示意

(二)余热利用

热能是国民经济和人民生活中应用最广泛的能量形式,因此节约热能有特别重要的意义。除家用炊事和采暖外,热能主要用于工业企业。工业企业有不同的类型,各种企业的生产过程又多种多样。

余热按温度可以分为三档,即高温余热,温度大于 650℃;中温余热,温度为 230～650℃;低温余热,温度低于 230℃。

工业各部门的余热来源及余热所占的比例见表 6-3。

表 6-3　工业各部门的余热来源及余热所占的比例(%)

工业部门	余热来源	余热约占部门燃料消耗量的比例
冶金工业	高炉、转炉、平炉、均热炉、轧钢加热炉	33
化学工业	高温气体、化学反应、可燃气体、高温产品等	15
机械工业	锻造加热炉、冲天炉、退火炉等	15
造纸工业	造纸烘缸、木材压机、烘干机、制浆黑液等	15
玻璃搪瓷工业	玻璃熔窑、坩埚窑、搪瓷转炉、搪瓷窑炉等	17
建材工业	高温排烟、窑顶冷却、高温产品等	40

（三）系统节能

1. 燃气—蒸汽联合循环

目前单纯燃气轮机发电效率已达 40.92%，但排气温度仍高达 500℃以上，余热潜力很大，可以和蒸汽轮机组合成联合循环。与常规电站相比，联合循环发电效率高、可用率高、投资低、建设周期短、负荷适应性强、起动迅速、环保性能好。燃气—蒸汽联合循环示意见图 6-8。

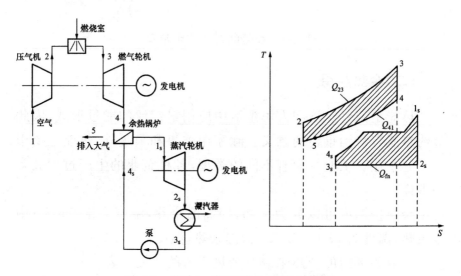

图 6-8　燃气—蒸汽联合循环示意图

2. 整体煤气化联合循环发电

目前的燃气轮机只能燃用油或天然气，整体煤气化联合循环（integrated gasification combined cycle，IGCC）是直接以煤为燃料。其方法是先将煤气化，再以煤气作为燃气轮机的燃料。整体煤气化联合循环原理见图 6-9。

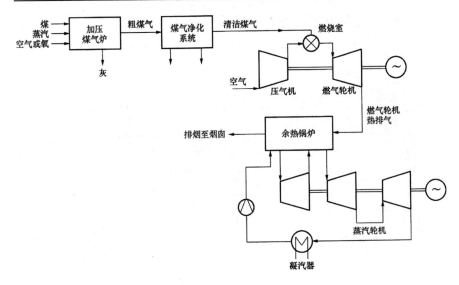

图 6-9　整体煤气化联合循环原理图

目前全世界有 IGCC 示范电站 10 座。根据气化炉的特点,目前多采用流化床形式,其发展方向是增压流化床燃气—蒸汽联合循环(PFBC-CC)。

3. 燃料电池和 IGCC 组合的联合循环

燃料电池是 21 世纪各国研究的重点。燃料电池和 IGCC 组合的联合循环代表了当今的发展方向。它的最大优点是效率高,CO_2 排放少。表 6-4 给出了几种燃料电池的发电性能。

表 6-4　几种燃料电池的发电性能

燃料电池类型	电解质	燃料	运行温度(℃)	电效率(%)	排气温度(℃)
碱性燃料电池(AEC)	KOH	H_2	100	40	70
固体聚合物燃料电池(SPFC)	聚合物	H_2	100	40	70
磷酸燃料电池(PAFC)	H_3PO_4	H_2	200	40	100
熔融碳酸盐燃料电池(MCFC)	Li_2/K_2CO_3	H_2,CO,碳氢化合物	650	50	400
固体氧化物燃料电池(SOFC)	ZrO_2	H_2,CO,碳氢化合物	1000	55	1000

燃料电池和 IGCC 组合的联合循环见图 6-10。

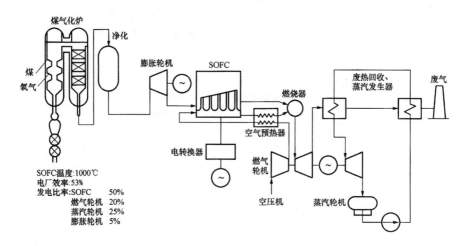

图 6-10 燃料电池和 IGCC 组合的联合循环示意图

4. 煤炭的多联产系统

煤炭既是能源又是重要的化工原料，实现多联产就是能最大限度地发挥其经济效益。图 6-11 为多联产一体化系统。

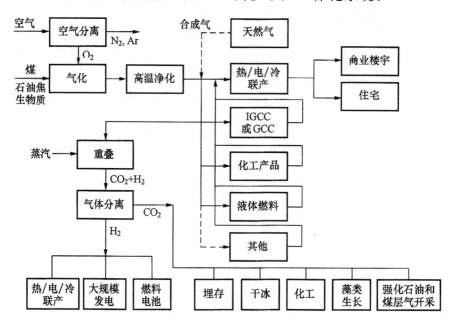

图 6-11 多联产一体化系统

第四节 节能的技术经济分析

一、节能的目标

随着现在人们加大对环境的重视,要想实现能源高效率化,就必须进行节能,节能也必须与环境保护相结合,依靠全世界范围内人类共同的努力,提高生产技术水平,转变生产模式,是提高经济新增长和高效率的正确途径。在制定节能目标的同时,必须大力发展循环经济,扩大服务业在国民经济中的比重,通过优化产业结构,不断地改善社会环境,提高环保贡献率。

根据我国"十二五"规划中对能源的规划制定中,可以看出我国节能指标主要包括以下两方面。

(一)总体指标

根据数据统计,到 2015 年,我国的万元国内生产总值所需要的能源消耗已经下降到 0.869 吨标准煤,与 2010 年所需要的1.034 吨标准煤进行比较,已经下降了 16%,比 2005 年所需要的1.276 吨标准煤来说已经下降了 32%。节能的效果还是比较显著的。在我国"十二五"期间,全国一共节约了能源共计 6.7 亿吨标准煤。

到 2015 年,我国化学需氧量一共排放了 2347.6 万吨,二氧化硫的排放量为 2086.4 万吨,与 2010 年我国的排放量进行比较,大概减少了 8%;全国的氨氮的排放量控制在 238 万吨,氮氧化物的排放量控制在 2046.2 万吨,与 2010 年我国的排放量进行比较,大概减少了 10%。所以这些化学物的排放量也得到了进一步的控制。

（二）具体目标

截至 2015 年,我国的单位工业增加值的能源消耗比 2010 年已经下降了百分之二十多,其中交通运输、建筑、公共机构等这些重点领域中的能源消耗得到了很大幅度的控制,一些产品的单位能耗指标与其他先进国家的能源指标来说也得到了很大的提高,我国大中型企业的节能指标和部门行业的节能指标都已经达到了国际先进水平,见表 6-5。我国的工业重点行业、农业主要污染物排放总量大幅降低见表 6-6。

表 6-5　"十二五"时期主要节能指标

指标	单位	2010 年	2015 年	变化幅度/变化率
工业				
单位工业增加值（规模以上）能耗	%			［－21%左右］
火电供电煤耗	克标准煤/千瓦时	333	325	－8
火电厂用电率	%	6.33	6.2	－0.13
电网综合线损率	%	6.53	6.3	－0.23
吨钢综合能耗	千克标准煤	605	580	－25
铝锭综合交流电耗	千瓦时/吨	14013	13300	－713
铜冶炼综合能耗	千克标准煤/吨	350	300	－50
原油加工综合能耗	千克标准煤/吨	99	86	－13
乙烯综合能耗	千克标准煤/吨	886	857	－29
合成氨综合能耗	千克标准煤/吨	1402	1350	－52
烧碱（离子膜）综合能耗	千克标准煤/吨	351	330	－21
水泥熟料综合能耗	千克标准煤/吨	115	112	－3
平板玻璃综合能耗	千克标准煤/重量箱	17	15	－2
纸及纸板综合能耗	千克标准煤/吨	680	530	－150

指标	单位	2010 年	2015 年	变化幅度/变化率
纸浆综合能耗	千克标准煤/吨	450	370	−80
日用陶瓷综合能耗	千克标准煤/吨	1190	1110	−80
建筑				
北方采暖地区既有居住建筑改造面积	亿平方米	1.8	5.8	4
城镇新建绿色建筑标准执行率	%	1	15	14
交通运输				
铁路单位运输工作量综合能耗	吨标准煤/百万换算吨公里	5.01	4.76	[−5%]
营运车辆单位运输周转量能耗	千克标准煤/百吨公里	7.9	7.5	[−5%]
营运船舶单位运输周转量能耗	千克标准煤/千吨公里	6.99	6.29	[−10%]
民航业单位运输周转量能耗	千克标准煤/吨公里	0.450	0.428	[−5%]
公共机构				
公共机构单位建筑面积能耗	千克标准煤/平方米	23.9	21	[−12%]
公共机构人均能耗	千克标准煤/人	447.4	380	[15%]
终端用能设备能效				
燃煤工业锅炉（运行）	%	65	70～75	5～10
三相异步电动机（设计）	%	90	92～94	2～4
容积式空气压缩机输入比功率	千瓦/(立方米·分$^{-1}$)	10.7	8.5～9.3	−1.4～−2.2

指标	单位	2010 年	2015 年	变化幅度/变化率
电力变压器损耗	千瓦	空载:43 负载:170	空载:30～33 负载:151～153	−10～−13 −17～−19
汽车(乘用车)平均油耗	升/百公里	8	6.9	−1.1
房间空调器(能效比)	—	3.3	3.5～4.5	0.2～1.2
电冰箱(能效指数)	％	49	40～46	−3～−9
家用燃气热水器(热效率)	％	87～90	93～97	3～10

注:[ ]内为变化率。

表6-6 "十二五"时期主要减排指标

指标	单位	2010 年	2015 年	变化幅度/变化率
工业				
工业化学需氧量排放量	万吨	355	319	［−10％］
工业二氧化硫排放量	万吨	2073	1866	［−10％］
工业氨氮排放量	万吨	28.5	24.2	［−15％］
工业氮氧化物排放量	万吨	1637	1391	［−15％］
火电行业二氧化硫排放量	万吨	956	800	［−16％］
火电行业氮氧化物排放量	万吨	1055	750	［−29％］
钢铁行业二氧化硫排放量	万吨	248	180	［−27％］
水泥行业氮氧化物排放量	万吨	170	150	［−12％］
造纸行业化学需氧量排放量	万吨	72	64.8	［−10％］
造纸行业氨氮排放量	万吨	2.14	1.93	［−10％］
纺织印染行业化学需氧量排放量	万吨	29.9	26.9	［−10％］
纺织印染行业氨氮排放量	万吨	1.99	1.75	［−12％］

指标	单位	2010 年	2015 年	变化幅度/变化率
农业				
农业化学需氧量排放量	万吨	1204	1108	[-8%]
农业氨氮排放量	万吨	82.9	74.6	[-10%]
城市				
城市污水处理率	%	77	85	8

注:[ ]内为变化率。

二、节能的意义

我国是最大的发展中国家,节能对我国经济和社会发展更有着特殊的意义,主要表现在四个方面。

(一)节能是实现我国经济持续、高速发展的保证

能源是经济发展的物质基础,我国能源的生产能力,特别是优质能源,如石油、天然气和电力的生产能力远远赶不上国民经济的发展,其中液体燃料的短缺显得特别突出。根据国家计委研究中心的预测,2010 年、2020 年我国液体燃料的年消费量将分别达到 3.35 亿~3.37 亿吨和 4.3 亿~4.75 亿吨。目前我国液体燃料的 98%来自石油,据估计,国内石油的年产量今后只能维持在 1.6 亿~2 亿吨,即使考虑到海外合作开发油田所获得的份额油,也很难突破 2.2 亿吨/年。从 1993 年开始我国已成为纯粹的石油输入国,2000 年我国净进口石油达 7400 万吨,占国内石油消费总量的 30%,2010 年预计将高达 40%以上。有资料预测到 2010 年我国常规能源消耗量的缺口将达 10 亿吨标煤,电力缺口为 3200 亿千瓦·时。因此为了维持我国经济的高速发展,节能就显得特别重要。

（二）节能是调整国民经济结构、提高经济效益的重要途径

当前深化经济改革的关键是调整国民经济结构，提高经济效益。其目的是以转变经济增长的方式，走集约型的发展道路，少投入，多产出。能源在工业产品的成本中占相当大的比重，平均约为 9％，化工行业则为 30％，电力行业更高达 80％，因此节能是提高企业的经济效益的重要途径。节能的实施不但可以促进产业结构的调整和产品结构的调整，同时节能还能提高能源的利用效益，降低能源消耗水平，延长能源资源的使用时间，为开发新能源争取宝贵的时间。

（三）节能将缓解我国运输的压力

由于我国能源资源分布不均，所以能源运输压力很大。例如我国铁路运力的 43％用于煤炭运输。2000 年由"三西"煤炭基地外运的煤炭就达近 4 亿吨，据估计 2010 年将增加到 5.20 亿～5.83 亿吨，全国铁路煤炭运量将占总运量的 50％，公路运输和水运也有类似的情况。显然大量煤炭的开发利用和长距离运输，严重地制约了我国国民经济的发展，节能将有效地缓解我国运输的压力。

（四）节能将有利于我国的环境保护

能源开发利用所引发的环境污染问题已日益引起人们的关注。节能在节约能源的同时，也相应减少了污染物的排放，其环保效益非常明显。当然在采取各种节能措施时都应充分考虑对环境的影响。

三、节能经济评价的常用方法

节能经济评价常用以下四种方法。

（一）投资回收年限法

投资回收年限法主要考虑节能措施在投资和收益两方面的

因素,以每年节能回收的金额偿还一次投资的年限作为评价指标。如某项节能措施的一次投资为 K(元),每年节能获得的净收益为 S(元/a),则投资回收的年限 τ 为

$$\tau = \frac{K}{S}$$

若某项节能措施有多个技术方案可供选择,显然投资回收年限 τ 最小的那个方案应该首选。

投资回收年限法概念清楚,计算简单,是比较常用的一种经济评价方法。然而以经济学的观点看,这一方法没有考虑资金的利率及设备使用年限这两个主要因素,因此没有涉及超过回收年限以后的经济效益。采用这一方法显然对效益高,但使用年限短的节能方案有利;相反对于效益低,而使用年限长的节能方案则不利。所以投资回收年限法不适用于不同利率、不同使用年限的投资方案的比较。另外,投资回收年限法只能反应各节能方案之间的相对经济效益,因此这种简单的投资回收年限法只常用于节能工程初步设计阶段的审查。如果简单计算的回收年限小于设计使用年限的一半,而又不大于 5 年时,即可认为投资合理。

（二）投资回收率法

若某项节能措施投产后,在确定的使用年限 n 内,逐年取得的收益为 R,该项措施的总的一次投资为 K;则使总收益的现值等于一次投资 K 时的相应利率 r 就称之为投资回收率。投资回收率可通过下式计算出来:

$$K = \frac{(1+r)^n - 1}{r(1+r)^n} R$$

由于投资回收率表示一项投资不受损失而获得的最高利率,所以可以用它来表示节能措施经济性的优劣,适用于比较不同使用年限的技术方案。显然,对某一项节能方案如用式 $K = \frac{(1+r)^n - 1}{r(1+r)^n}$ R 计算出的投资回收率 r 大于投资的利率,则该方案在经济上是可行的。当有几种不同的技术方案时,应选取投资回收率最高又

大于投资利率的方案。

（三）等效年成本法

一项节能措施的投资 K，可以按给定的利率 i 和使用年限 n 折算成一定的金额，用于在使用期内每年还本付息，以保证投资在使用期满时全部还原，这就是所谓资金费用。如果资金费用再加上每年的运行维护费用 S，就构成了等效年成本。当涉及投资在使用期满的残值 A 时，应将残值从投资中扣除，另加残值的利息。因此节能措施的等效年成本 C 可按照下列公式计算：

$$C = (K - A)\frac{i(1+i)^n}{(1+i)^n - 1} + A_i + S$$

显然在节能措施的多方案比较中，等效年成本最低者应为优选的方案。

（四）纯收入法

纯收入法是根据节能项目的纯收入进行比较；纯收入高，该方案经济效果就好。具体做法是根据合理的计算生产年限，先把每个方案的初投资、流动资金和折旧费用综合起来，求出投产当年的折算投资，将折算投资乘以资金的年利率并与成本费相加，即得出年支出，最后从年收入中减去上述年支出就得到各方案的年纯收入，其中年收入最高的方案为最优方案。

用纯收入法进行节能经济评价的关键是如何从初投资、流动资金及折旧费来求得投产当年的折算投资 K_X，通常 K_X 可按下式计算：

$$K_X = K\frac{(1+i)^{n_0+n} - 1}{(1+i)^n - 1} + F - R\sum_{\tau=1}^{n}\frac{(1+i)^{n-\tau} - 1}{(1+i)^n - 1}$$

式中：K 为初投资；

n_0、n 为节能措施的建设年限和计算生产年限；

F 为流动资金；

R 为年折旧费。

第七章 国际能源贸易与能源金融

由于能源分布受地域的影响，同时能源在空间上分布不均匀，因而国际能源贸易的蓬勃发展成为必然。能源贸易由最初固定价格的长期供货合同，逐步发展为现货贸易，随着能源贸易规模的进一步扩大，能源价格决定因素日益复杂，能源价格波动变得越来越剧烈和频繁，为规避价格风险，现货价格与期货价格挂钩，期货价格在能源价格发展中的作用和地位逐步得到加强，能源期货市场得到迅速发展。能源产业发展的另一显著特点是，能源与金融的日益融合，二者的融合为能源产业的发展注入了新的活力。能源金融的发展，一方面使得能源价格风险管理越发显得重要；另一方面也为能源价格风险管理提供了更加有效的管理工具。

第一节 国际能源贸易

一、国际能源贸易的特征

（一）从能源种类来看

1. 世界石油贸易

（1）世界主要石油出口国的出口贸易特征

在世界石油贸易中，关于石油的交易主要交易品种是原油，原油贸易占石油贸易的 70％ 以上。自 20 世纪 60 年代世界石油中心由墨西哥湾转向中东以来,在国际市场上石油出口主要来源于中东,而且据 BP(2011)数据显示,2010 年全球原油出口贸易为18.76 亿吨,中东为 8.29 亿吨,占当年全球原油贸易的 44.2%,其次是前苏联地区,占 17%,西非占 11.8%,这三大地区占比超过 70%。总体而言,由于受到资源禀赋的制约,因而世界石油出口贸易格局相对比较稳定。

在 2008 年,整个世界发生了一件大事,由次贷危机引发的金融危机全面爆发,并迅速蔓延到整个世界。石油市场与金融市场有着密切关系,因而,伴随着金融市场的轰然倒塌,石油市场也受到巨大冲击,WTI(West Texas Intermediate,美国西得克萨斯轻质油)原油 1 月合同从 2008 年 7 月 3 日收盘最高价 145.29 美元/桶掉头向下,一路狂跌,2009 年 2 月即跌去 70% 多。受油价下跌影响,前苏联地区 2009 年增产 3000 万吨弥补石油收入的减少,OPEC则减产保价,从近几年的出口行为看,OPEC 更像是一个油价稳定器的角色。

(2)世界主要石油进口国的进口贸易特征

原油进口主要集中在美国、欧洲、日本、中国和印度,2010 年这五大国家/地区原油进口量占世界总进口量的 80%,美国和欧洲占总进口量的近 50%。欧盟近年来大力发展可再生能源,原油进口量呈稳步下降态势,2008 年占全球进口总量的 28%,2009 年下降到 27%,2010 年进一步降到了 25%。2009 年受金融危机影响,美国、欧洲、日本石油进口均较 2008 年有所下降,降幅最大的是日本,由上年的 2.03 亿吨降到 2009 年的 1.77 亿吨,下降了13%,但 2010 年,除欧洲地区外,美国和日本进口量又有所回升。作为新兴经济体的中国和印度伴随着经济的高速增长,石油进口也呈现出强劲增长势头,2008 年中国与印度原油进口占全球原油进口贸易份额分别为 9.1% 和 6.5%,2010 年分别增长到 12.5%和 8.6%,年均增幅均超过 10%,中国 2009 年、2010 年分别以14% 和 15% 的速度递增。

中国主要原油进口来源地为中东、西非、前苏联地区以及亚太地区,近两年加强了与前苏联地区的石油贸易,减少了对中东地区的依赖,2010年从中东进口石油1.18亿吨,占总进口量的40%,较2008年下降了约2个百分点,从前苏联地区进口3300万吨,占进口量的11%。从西非进口4370万吨,占总进口量的15%,从印度尼西亚等亚太国家进口2880万吨,约占10%(表7-1)。进口来源地更加合理化,今后若干年中国的石油需求将仍然增长强劲,新增石油需求主要都将通过国际石油贸易来满足,开拓新的、安全的进口贸易渠道仍将是一项艰巨的任务。

表7-1　2008—2010年中国原油进口来源构成(%)

年份	中东	西非	前苏联地区	其他亚太地区	中南美洲	其他
2008	42.24	17.95	10.3	9.82	7.58	12.11
2009	40.76	16.45	10.52	10.84	6.99	14.44
2010	40.22	14.85	11.32	9.77	8.18	15.66

2. 全球天然气贸易特点

(1)世界主要天然气出口国的出口贸易特征

与石油贸易相比,全球天然气贸易量小得多,但由于近年来石油价格在高位剧烈波动,天然气贸易呈显著增加的趋势。2010年全球天然气贸易量为9.75千亿立方米,较2009年增长13.5%,2009年较2008年增长7.7%。天然气贸易国际化程度不高,区域性特点非常显著,无论进口还是出口贸易集中度较石油都小得多。世界主要的天然气出口国为俄罗斯、挪威、卡塔尔和加拿大,它们的出口贸易占全球天然气贸易的一半左右,其中2010年俄罗斯天然气出口占全球总量的20.5%(BP,2011)。

(2)世界主要天然气进口国的进口贸易特征

天然气进口主要集中在美国、德国、日本和意大利等国,2010年四国天然气进口贸易量占全球贸易量的37.6%,美国最多,占比为10.8%。从来源看,美国主要集中在加拿大,占其进口贸易量的88%;德国主要集中在俄罗斯、挪威、荷兰,三大来源占其总进口贸易量的 95.7％；意大利主要集中在北非的阿尔及利亚、利比亚，俄罗斯以及欧洲的荷兰、挪威和亚洲的卡塔尔，其中阿尔及利亚占比 36.6％，俄罗斯占比 18.8％；日本主要集中在亚太地区的印度尼西亚、马来西亚、卡塔尔和澳大利亚以及俄罗斯，五大来源占其进口贸易量的 77％。

中国 2008 年进口天然气为 44.4 亿立方米，2009 年增加到 76.3 亿立方米，增幅超过 70％，2010 年进口量进一步增加到 163.5 亿立方米，较上年增幅超过了 100％。中国天然气进口来源主要为澳大利亚、土库曼斯坦、印度尼西亚、马来西亚和卡塔尔，其中 2010 年从澳大利亚进口 52.1 亿立方米，占比 31.88％，从土库曼斯坦进口 35.5 亿立方米，占比 21.71％。过去十年中国天然气消费量年均增长约 16％，与此同时，中国的天然气产量也呈快速增长的趋势，但增速低于消费，受制于资源禀赋和开发利用水平限制，未来中国会越来越依赖国际天然气市场，为此中国应尽早着手，开拓周边贸易资源。

3. 全球煤炭贸易特点

（1）世界主要煤炭出口国的出口贸易特征

与天然气贸易类似，煤炭贸易的国际化程度也不高，区域性特色比较显著，目前国际主要有两大煤炭贸易圈：大西洋贸易圈和太平洋贸易圈。太平洋贸易圈是世界煤炭贸易最活跃的地区，该地区主要煤炭出口国为澳大利亚、俄罗斯、印度尼西亚，其中澳大利亚是全球最大出口国，其出口量约占全球贸易的 30％左右；大西洋贸易圈主要煤炭出口国为哥伦比亚和南非。

（2）世界主要煤炭进口国的进口贸易特征

2003 年前中国一度是除澳大利亚外的全球第二大煤炭出口国，此后由于强劲的国内需求，净出口量逐年减少，并于 2009 年转变为净进口国。2009 年中国累计进口煤炭 1.26 亿吨，比上年增长 211.9％，出口 2240 万吨，下降 50.7％，全年净进口 1.03 亿吨；2010 年我国出口煤炭 1903 万吨，比 2009 年下降 15％，进口煤炭 1.65 亿吨,比上年增长 30.9％,净进口 1.46 亿吨,比上年增长 40.9％。目前,印度尼西亚是我国最大的煤炭进口贸易国,澳大利亚、越南、蒙古和俄罗斯紧随其后,上述五国进口煤炭占我国全部进口量的 84％。

日本、韩国和中国台湾由于资源短缺,一直是最主要的煤炭进口国及地区。中国和印度近年来煤炭进口需求不断增加,随着人们对煤炭资源战略重要性认识不断加深、跨国企业重组对国际煤炭市场格局的影响,主要煤炭进口国都加紧了海外煤炭资源的开发,未来国际煤炭市场的进口贸易竞争将趋于激烈,中国应从能源安全战略高度出发,尽早布局,争取主动。

(二)从能源性质来看

1. 从垄断性转向竞争性

能源贸易从垄断性向竞争性转变。由于发达国家率先进入工业文明时代,因而工业比较发达,对能源的需求也相对于发展中国家较高。特别是美、日、欧为首的发达国家。因而在能源市场上,呈现出以美、日、欧为主导的能源进口垄断。在统计数据之后,我们发现,欧佩克对于石油的消耗是数量巨大的,基本上形成了一种垄断的趋势,无论是在石油消耗上还是在石油储备上,其中,放眼整个世界,大约有 69％的已知石油储备也掌握在 OPEC 国家。而发达国家对于能源的垄断绝非仅仅只限于石油行业。除了石油之外,对于煤炭的垄断力量也是相当可观的。加拿大、澳大利亚、南非等对煤炭出口的垄断是全世界看在眼里又无可奈何的。而 20 世纪 70 年代以前,以美国、荷兰、英国为首的七大石油卡特尔,也就是被世人称作的"七姐妹",这七大集团对于整个世界石油市场的主宰作用是不容小觑的;而从 1973 年以后,随着世界商业中心的转移,欧洲资本主义崛起,欧佩克开始登上了世界石油主宰的舞台,而主要的垄断手段就是"限产保价",通过这个战略来控制石油牌价,从而达到垄断进而集聚巨额财富的目的。但垄断只能带来短期的巨额财富，而不是一个长久之策。随着世界经济贸易格局一体化的发展，石油市场也发生了很大的变化，整个石油市场的规模相对于20世纪有了很大的拓展，石油的需求市场也随之大大扩展，而石油的出口地区和进口地区也逐步增加，供应地区呈现多元化的趋势，市场格局发生了变化，整个石油产业也开始从垄断转向竞争。在整个亚洲地区，尤其是东亚和东南亚地区由于其得天独厚的先天自然地理位置使得经济发展非常迅速，高速增长的经济，整个消费市场的活跃，这都使得能源需求不断增加，而自身拥有的能源远远满足不了这样的需求，因而进口行业就显得炙手可热，能源进口量大幅攀升。而一些非欧佩克国家和地区，最显著的例子是俄罗斯、中亚、北海等，这些地区拥有丰富的石油资源，因而很好地适应了整个世界能源发展潮流，成为很好的主要石油出口国，整个世界对石油的需求增长也带来了这些国家和地区石油出口量的增长，这在一定程度上是对欧佩克出口垄断的打击，国际石油市场也即从垄断体制逐步重构为竞争体制，"全球燃气、电力供应体系也正经历类似于世界石油市场体制的演进过程，都为市场竞争体制的形成提供了条件"[①]。

2. 兼具政治性和经济性

国际能源贸易兼具政治性与经济性。能源贸易具有市场的私人营利性，但能源问题不仅是经济问题，而且是重要的政治和安全问题。因此，能源贸易不只是纯粹的贸易，大多数国家都把能源战略当成国家安全战略的重要组成部分。

3. 能源特定性决定了能源贸易的一些特性

能源由于其本身具有一定的特殊性质，这就决定了其运输方式只能是固定的，如石油。煤炭的运输不能依靠空中运输。正是

---

① 黄进. 中国能源安全问题研究：法律与政策分析[M]. 武汉：武汉大学出版社，2008，第317页

由于这样的特殊性,从而给能源贸易造成了诸多不便,同时由于能源的运输量较大,因而只有一些巨头公司才能承担起这个责任,这很容易造成以一些大型能源公司(有时是私营企业)为首的垄断,这正是能源贸易自由化的重要障碍。

4. 能源与环境联系密切

使用能源为人类造福不少,但同时对环境的影响也是十分巨大的。近年来频频出现的生态环境问题,与能源的扩大使用有着密不可分的联系。首先,抛开对外界的影响不说,光是能源使用对能源自身就有非常大的影响,矿物能源通常都是不可再生能源,如煤炭、石油,它们的形成需要经历上亿年,而能源的消耗使得整个世界能源储备一点点减少,最终被挖空也是极有可能的,这不利于人类的延续发展。其次,能源的使用对外界的影响显然是越来越明显的,大气的污染、水资源的污染以及整个生态环境的恶化,这无一不与能源的使用息息相关。在 2008 年,欧盟委员会关于这个问题做了严肃的重视,成立了一系列法案,决定将国际航空业纳入欧盟的碳排放交易体系(EUETS)中。欧盟关于过境飞机征收碳排放税的做法固然有利于环境保护,但可能在全球引发贸易战,国际能源贸易必然受此影响。

二、国际能源贸易与经济发展

能源贸易对整个世界经济的发展均有影响,不仅对于能源出口国有重要的影响,同时对能源进口国也有不容忽视的影响。能源贸易是国家对外贸易的有机组成部分。面对全球能源短缺危机和在可持续发展方面遇到的问题,能源的输入与流出活动将关系到国家的能源安全乃至经济安全。

现代经济学理论认为,进口会导致进口国家财富的不断流失和减少。但能源是一种特殊产品,它作为一种产出物,计入国民经济账户;同时还作为一种基本生产要素,是其他产品和劳务得以形成的基础和动力源泉。一般认为,能源产品的进口对一国经济来说也是一种"注入",有助于国民收入的增加。

能源贸易对经济增长的影响机制如图7-1所示。

首先,国内生产的能源一部分用于国内消费,一部分用于出口。用于国内消费的能源一部分用于能源行业的再生产,即能源行业的自耗能;另一部分用于国民经济其他部门生产和服务需求。用于出口的能源,根据现代经济学观点,进口是一种"流出"行为,那么出口便是一种"注入"行为,这对于出口国家而言是有利的,财富不断增长,国民收入不断增加。若考虑乘数的作用,国民收入会成倍增加。由于一定时期内,国内生产的能源产品总量是一定的,因而用于出口与用于国内消费两部分之间具有此消彼长的关系。

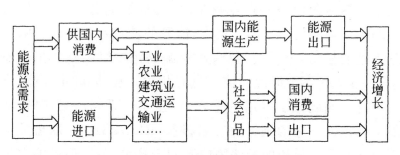

图 7-1　能源贸易对经济增长的影响机制

其次,国内总的能源需求量一部分来源于国内,一部分来源于进口,二者之间也存在着此消彼长的关系。根据前述分析可知,能源进口通过满足各部门必要的投入要素需求,增加了这些部门产品的增加值,从而增加了国民收入。

最后,能源进口和出口对于国民经济都有促进作用,但相比较而言,能源进口的作用更大。原因在于,能源是一种基本生产要素,处于产业链最前端,属于初级产品,附加值不大,而进口则通过产业链,大大增加了中间产品和最终产品的附加值,乘数效应明显,对经济增长的拉动作用大大增强。

第二节　能源金融化与能源期货市场

一、能源金融化

在整个世界经济发展过程中,能源产业和金融产业都占有重要的份额,对于社会经济的发展具有十分重要的作用。作为动力的能源能够推动着整个经济向前发展。而金融的出现更是影响着整个世界经济的变革,社会经济生活的各个领域都能与金融扯上关系。能源产业与别的产业不同,最大的不同之处在于,它是一种密集型产业,其发展需要巨额的资金作为支撑。这就与金融行业产生了关系,需要金融机构的大力支撑,当然,并不是所有的金融机构都能担当这样的重任,只有大型的金融机构才有担当这个重任的资本和条件,以便在能源产业进行融资时能够提供持续的、大规模的资金。而金融行业放贷不是随随便便的,也会找有一定偿还能力的,实力比较雄厚,有一定信用基础的产业,能源产业正好符合这样的要求。因而,就出现了能源和金融的合作。近些年来,随着世界能源进出口贸易的发展,能源金融化的趋势更加明显。而能源由于其本身的特性(主要是需求性),因而越来越受到金融市场投资者的青睐,这也衍生出了"能源期货",能源期货的价格也正是整个能源市场为能源定价的主要依据。因而可以说,能源与金融两者是相互依存的,一方的变化势必会影响另一方也发生变化。

目前看来,整个国际上俨然已经形成了能源金融一体化的格局。这个变化在能源市场上有所表现,在金融市场上也有所表现。而最为现实的一个例子就是,在能源企业中,越来越多的能源企业愿意将部分闲散资金投入到金融市场中,而对于金融企业来说,越来越多的金融企业愿意操手接管一些关于能源企业的投资的业务,在这个合作过程中,双方共同获利。能源与金融虽然结合了,但从学术上讲,并没有一个准确的定义来定位能源金融这个词的含义。显然,之所以学术界迟迟不能轻易给能源金融做一个定论,是因为能源金融概念的边界和内涵涉及较广,而且随着世界经济的发展,还不断发生着变化。用系统学的观点来看,本书认为,能源金融既包含了能源系统的一些方面,又包含了金融系统的一些方面,是二者结合后产生的新的金融系统。

任何企业的融资都要受其信用评价影响。在能源行业,这一点尤其重要,因为能源行业给人的感觉就是一个高风险行业。所以对于能源机构而言,知道那些信用评级机构如标准普尔((Standard & Poor's)和穆迪(Moody's)公司等是怎样进行信用评级是至关重要的。他们也应该知道某一评级机构或第三方机构在评估他们时哪些要素是关键要素。

在能源部门,公司评级机构通常会审查:

- 企业战略。
- 能源市场参与情况和能源业务的多元化情况。
- 公司竞争优势。
- 风险管理操作。
- 能源市场与业务风险的管理和监管。
- 风险承受能力:公司是如何管理其价格风险(市场风险)的。
- 能源公司衍生工具组合投资的估值方法。
- 信用风险政策。
- 企业和风险管理控制系统。
- 影响向能源市场供给的因素,包括营运成本、财务风险和绩效。

一项有利可图的能源交易业务的关键是其风险管理操作。大多数商业信用调查机构在进行风险管理评估时,评估重点集中在交易业务的管理监督能力、风险承受能力、信用风险政策以及在适当的地方控制风险管理步骤的系统和报告结构。这些评估能够帮助评级机构决定一家能源交易商能否在能源市场取得成功。这意味着,有效地执行含有衍生工具在内的合适的价格风险管理策略能够帮助一家能源机构获得评级机构的良好印象。

一些评级机构(如标准普尔)将风险控制系统作为被评估对象获得投资级别信用品质的绝对必要条件。对标准普尔而言高于 BBB,或者对穆迪而言高于 Baa 的级别就是典型的被认为是投资的级别(表 7-2)。

表 7-2　信用评级比较

穆迪	标准普耳	违约概率	
Aaa	AAA	0.001	偿付能力极强
Aa1,Aa2,Aa3	AA+,AA,AA−	0.01	财务支付能力非常强,与 AAA 级只有微小差异
A1	A+	0.02	还款承诺能力很强
A2,A3	A,A−	0.04	易受经济变化的负面影响
Baa1	BBB+	0.15	能服行其财务承诺
Baa2	BBB	0.3	适当,但可能被负面经济状况所弱化
Baa3	BBB−	0.6	
低于投资级别域投机级别			
Ba1	BB+	0.90	最不脆弱的投机级别
Ba2	BB	1.25	非常适度地保护利息和本金的支付
Ba3	BB−	1.6	非常适度地保护利息和本金的支付
B1,B2,B3	B+.B,B−	5.00	超行财务承诺的能力很弱
Caa	CCC	14.00	易违约
Ca,C	CC,C	17.00	易违约
D	D	100.00	违约,实际违约或即将违约

假如存在显著的能源价格风险,并且预计交易者会去投机,那么能源部门的总体风险就会很高。这就意味着,能源部门平均信用质量评估等级按标准普尔规则来算会是在 BB 类中的较低级别。

高信用品质的能源交易商通常有较高的信用评级。因为他

们不仅向人们供应实物能源,而且这些公司常常还拥有下列中的一部分或全部:

• 领先的国内或国际市场地位[如壳牌(Shell)或英国石油(BP)]。

• 业务的多元化和(或)上、下游领域的一体化,以此未减少时务利润侵性(Eaxon 公司多年来一直认为没有必要进行套期保值,因为该公司既有上游的原油领域产业,在下游也有自己的炼油厂和加油站)。

• 作为低成本的工业能源给料的供应商的优势(石油、天然气、电力、石化)。

• 专业运用和出售金融衍生工具,以及大量的现货流动性。

评级机构会密切关注被评估对象的风险管理操作,因为很多人将其视为一笔成功的能源交易业务的革石。评级机构希望用到下列事项的有效监控:

• 公司文易业务的完善监管。

• 市场风险。

• 信用风险政策。

• 用来控制和监控公司现货和衍生品交易及结算过程的系统。

评级机构也会为衍生工具的使用寻找一个清晰的管理控制结构。他们也希望看到一套已制定好的政策,以确定下列报告在每一个工作日开始就能做出并发到高级管理层。

一份"日头寸报告"包括:

• 盯市(mark-to-market)。

• 对手的信用风险(credit exposure)。

• 风险价值(VAN)报告。

• 发生的任何意外事件的详细报告(如政策违例、交易限制违约等)。

拥有强大的高级管理层也会被评级机构关注(这通常在有关账户的信息披露或公司官方访谈时被要求)。

从理想的角度来说,信用评级机构想看到董事会很有兴趣去积极监督交易操作。这可从下列情况中得到解释:某一组织的大宗能源交易要得到董事会的批准,董事会附属委员会要对该组织交易风险管理政策的内外部审计负责。

二、能源市场上期权的种类

能源期货市场上最普遍的期权如 IPE/NYMEX 等都是美式期权,但是在场外交易市场(OTC)上,最多见的却是亚洲期权(路径依赖期权)。区分一个期权是美式期权、欧式期权或亚洲期权非常重要,因为我们要通过不同模型对它们估价。布莱克——斯科尔斯模型并不适用亚洲期权,因为亚洲期权是基于整月的平均价格,一组对数正态分布的算术平均分布具有分析上不易处理的性质。

(一)美式期权

看涨期权(上限期权)价值的下限为零,价位的上限取决于标的能源期货或互换市场价格和期权的敲定价格(执行价格)两者之间的较大者。期权的价值不可能为负值。

看跌期权(下限期权)价值的下限为零,价值的上限取决于标的能源期货或互换市场价格和期权的敲定价格(执行价格)两者之间的较高者。期权的价值不可能为负值。

看跌期权(下限期权)的最大价值为期权的敲定价格。因为标的期货/互换的价值不可能为负,所以看跌期权(下限期权)的最大收益位于期权的敲定价格(执行价格)和零之间。

到期期限——当一个看涨期权(上限期权)具有较大时间价值/较长有效期时,它的价值不小于相应的期限较短的美式看涨期权。例如,一个在 12 月到期的两平看涨期权(上限期权)和一个在来年 1 月份到期的两平看涨期权(上限期权),后者的期权价值就大于前者,这是由于后者多了一个月的时间价位。

美式看涨期权(上限期权)的售价不能小于相应的欧式看涨

期权(上限期权),基本上前者成本更高。这是因为美式期权持有者有权在期权有效期内的任何时间执行期权。而欧式期权就没有如此大的灵活性,该类期权只能在特定的日期执行,一般都是期权的到期日。

(二)欧式期权

看涨期权(上限期权)换市场价格和期权的敲定价格负值。

看跌期权(下限期权)换市场价格和期权的敲定价格价值的下限为零,价值的上限取决于标的能源期货或互(执行价格)两者之间的较大者。期权的价值不可能为价值的下限为零,价值的上限取决于标的能源期货或互(执行价格)两者之间的较高者。期权的价值不可能为负值。

看跌期权(下限期权)换市场价格和期权的敲定价格负值。

看跌期权(下限期权)值不可能为负,所以看跌期权和零之间。价值的下限为零。价值的上限取决于标的能源期货或互(执行价格)两者之间的较高者。期权的价值不可能为价值的上限为期权的敲定价格。因为标的期货/互换的价(下限期权)的最大收益位于期权的敲定价格(执行价格)。

(三)亚洲期权

在场外市场交易的能源期权绝大部分是由亚洲期权构成的:亚式的上限期权、下限期权和零成本的双限期权。亚洲期权是一种路径依赖期权,有时候也被认为是一种回顾期权,即期权持有者有权按期权有效期内标的能源市场的平均价格来执行期权。亚洲期权比一般的欧式期权便宜,这是因为平均价格的波动率要小于一个时点上的波动率,而欧式期权中涉及的正是一个时点上的波动率。在能源市场上,我们经常会接触到类似互换那样涉及长期平均价格的金融衍生品,亚洲期权就是其中一种,该类期权一般包含整个月的平均价格(大约 20 天)。

三、能源期货的经济影响

能源期货和期权合约及市场给市场参与者和公众带来了很多利益。其中最重要的利益之一就是形成了一个高度可见的、有效的价格发现机制。期权合约在近似于完全竞争的条件下进行交易，有大量的买方和卖方对同质产品进行交易。交易所制定的规则防止了操纵，保证公正、公开和诚信的交易。此外，还有高效的、几乎无成本的信息系统。除了财务责任之外，进入这个市场没有其他障碍。在这样的条件下产生的价格可以被认为是"适当的"价格，因为它代表了成千上万的独立的市场参与者所作决策的一致结果。

在能源期货市场产生之前。没有可见的、广泛报出的基准价格。所报的价格经常受到调整和折价的影响，这使它们在决策时毫无用处。欧佩克的标价经常受到政治因素以及供求因素的影响。不同的大型石油公司经常以区别很大的价格向他们的客户出售产品。此外，一个市场报出的能源现货价格通常不能代表其他地区的价格。

期货价格不受到标价和现货市场价格问题的影响。期货价格在集中的市场确定，代表了在某个地点（合约交割地）交易的标准化产量和品质的石油产品。不同品质产品的现货价格通过基准价格加上或减去适当的品质差价计算出来。类似的，不同地点的现货价格也可以用这种基准价格加上或减去运费差价计算出来。即使对于那些不参与现货市场的人来说，这种客观的基准价格信息也很有用。每日的期货价格在世界范围内可以通过报纸和电子媒体迅速获得。

现货价格和期货价格之间的关系向那些现货市场参与者进行买入、卖出和储存产品的决策发出了有用的信号。例如，倒挂市场向存货持有者发出一个这样的信号：立即卖出产品可以获得更多的利润，从而避免存货成本。当产品卖出时，希望在未来拥有产品的公司将同时买入期货合约来锁定产品的价格。通过这样做,有可能以更便宜的价格获得产品,并且无须支付储存成本。如果期货价格高于现货价格,就会存在储存商品并在期货市场上对存货进行套期保值的动机。在这种情况下,期货市场将会支付部分或全部的储存成本。因此,期货市场提供的信号发挥了跨时间配置产品的功能,可以平稳现货市场供求的季节性变动。

期货市场规避价格风险的能力平稳了商务流动,也方便了市场参与者制订计划。因为公司可以提前锁定石油产品的买入价格和卖出价格,所以市场更少受到冲击和短缺的影响。这降低了市场参与者经营的风险。因此,它们可以接受较低的毛利,这些利益可以以较低的能源价格和降低能源短缺可能性的形式传递给消费的公众。

由于期货市场使公司能够提供各种新风险管理工具,因而增强了场外(OTC)交易市场。衍生品、远期、互换以及专业化的期权都是场外交易市场的产品。然而,正是期货市场允许公司卖出场外交易产品来对他们的价格风险进行套期保值。

期货和期权市场也提供了一种投资公众从能源价格的变动中获益的机制。期货合约以足够小的单位来表示,因而小交易者使用它们是很节省的。在没有能源期货市场以前,公众唯一可用的工具是投资于能源相关公司的股票。

四、能源行业的结构性变化

在 20 世纪 70 年代,由于欧佩克改变做法向小型炼油商提供优惠的价格,导致了能源短缺,联邦政府对此做出反应,实施了价格控制。这个石油和天然气的双层定价体制支持了许多小型炼油厂,否则它们根本无法在市场中生存。此外,这个两层定价体制使消费大众在能源成本上额外花费了好几百万美元。

对石油价格解除控制导致石油行业的合并趋势。小型炼油厂由于不再受到价格控制的保护,因而无法竞争,正在被更大的、更有效率的公司吞并。甚至大型石油公司也正在缓慢地收购或兼并规模相似的竞争者。这些变化在世界范围内发生,甚至外国生产商也在购买下游的生产能力,这使他们能够在世界范围内销售石油炼制产品。在这个趋势中最值得注意的是沙特阿拉伯人、委内瑞拉人和墨西哥人,他们正在加速渗入最终产品市场,并通过购买炼油厂或通过在向炼油商供应原油的交易中讨价还价来增加在下游业务方面的老练程度。

另一个重要的趋势是标价定价体制的终止。石油行业曾一度依赖于僵化的标价定价体制。在这个定价体制下,大约75％的原油按照标价进行交易,只有大约25％的原油在现货市场交易。一般来说,只有边际原油才在现货市场交易。渐渐地,原油以现货市场价格进行交易,标价也在定期改变以反映现货价格。从本质上说,是石油市场驱动了石油价格,而不是欧佩克和大石油公司。

随着标价定价体制的消失,石油价格对供求变动的反应更为迅速,波动更为频繁。由于期货市场是现货市场价格高度可见的、广泛和即时可得的代表,因而期货和期权市场在决定现货市场价格方面起着重要作用。因此,期货市场为能源市场提供了一个价格发现机制。

在20世纪80年代对天然气价格解除控制,在20世纪90年代对电力价格解除控制,结果导致了相似的合并趋势和规模经济,从而对天然气和电力公司造成影响。期货市场上更为可见的天然气和电力价格刺激了现货市场的发展。

高度可见的价格发现机制对减少能源贸易公司的数量做出了贡献。在能源期货市场产生之前,能源贸易公司通过记录不同市场的标价提供中间商服务,并时刻准备以有利的价格进行买卖。商品的使用者由于缺乏寻得最低价格的专业技能,因而从贸易公司获得商品并支付本来不应该出现的较高价格。这些较高的价格被传递给了公众。随着期货价格的出现,每个人都知道原油、取暖油、汽油、天然气、丙烷和电力的价格。因此,能源贸易公司获利的机会急剧减少,有时会迫使他们退出市场,最终导致了较低的价格并传递给消费大众。

在能源期货市场发展以前,小型经纪人和小型石油公司依赖于主要的供应商获得产品,并按照标价来确定产品价格。现在,这些小型公司在面对他们的供应商时处于一个较好的讨价还价的地位,因为他们能够知道产品的当前市场价格。

五、能源金融市场发展面临的问题

(一)能源金融市场化程度低,能源金融产品单一

能源与金融的联合是近些年来才出现的,可以归入新兴事物的行列,新事物的出现必然是不成熟的,停留在一个初级阶段,这也正说明这个新模式比较稚嫩,不能担当起完全满足能源经济发展的重任。具体的表现就是,在目前已有的金融机构中,无论是大型金融机构还是小型金融机构,它们所能提供的能源业务都比较少,项目比较单一,同时,在能源金融产品的开发创新上更显得不足。发达国家尚且如此,发展中国家在这方面更可以用"落后"二字形容。

(二)融资渠道少,资金缺口大

融资渠道主要是针对能源企业而言的,由于我国能源市场与金融市场两者的发展都不成熟,因而能源市场与金融市场的结合也不怎么成熟。能源企业的融资方式比较单一,融资渠道主要只有传统的几种,也就是自筹资金和银行贷款。这种单一的融资方式同时也造成了能源行业巨大的资金缺口。

(三)能源企业风险交易能力低

能源安全被好多国家都划分为国家安全战略的重要组成部分,也就是说能源危机会直接影响到一个国家的安全。我国能源市场的发展起步较晚,同时由于我国特殊的国情,我国能源企业的交易充满各种各样的风险。同时这又造成我国能源市场不能很好地与国际能源市场接轨,更不能很好地与国际金融市场接轨。

六、能源金融化发展趋势

世界上出现的第一家能源交易所是在威尔士的卡迪夫，出现了一家煤炭交易所，这发生在 1886 年，它参照并运用了当时金融交易的管理模式来管理煤炭交易。但能源与金融在真正意义上的融合，并获得前所未有的发展是在 20 世纪 70 年代石油危机后。随着能源金融化的进一步发展，能源金融一体化在能源与金融市场实践中有了更多的表现，具体反映在以下几方面。

（一）金融支持在能源工业发展方面发挥了重要的作用

能源行业资金需求量巨大，勘探开发活动中不确定性因素很多，导致资金投资风险很高。投资能源行业也就面临着风险很高但同时如果投资成功那么回报也是相当可观的情况。在进行能源融资时，规模是巨大的，而且方式比较灵活，限制比较少。一般来说，最常见的也是人们使用的频率高的融资方式是通过证券市场以及银行借贷进行融资，而这两种传统的融资方式已经远远不能满足能源市场这个新兴市场。而改变这种现状的一个重要做法就是通过政府或金融机构来建立能源产业基金，这也是近些年来国际上许多能源企业融资的做法。就拿欧洲举例来说，欧洲一些小的发达国家都逐步建立起石油基金，如挪威。北美一些国家也是如此，如墨西哥，以及亚洲的一些国家，如阿塞拜疆。石油产业基金的建立，不仅能够使国内的资源勘探技术得到应用并加以改进，同时还能增加世界石油市场运转过程中的主动性，支持企业参与国际石油风险市场运作，以及为推动能源结构转型和能源的可持续发展建立各类能源基金。

（二）大型金融机构日益成为能源领域举足轻重的投资者

能源行业的投资即存在着巨大的风险，这让没有一定实力的投资者望而却步，同时又具有巨大的收益性，这又驱赶着成千上万的投资者纷纷涌入。金融机构审时度势逐渐成为众多投资者之中的佼佼者，越来越多的金融投资机构除了发展本机构的业务外，将很大一部分精力投入到能源市场上来。这不仅包括能源产权市场，同时还包括能源期货市场。由于能源资源本身的稀缺性，以及一些战争、突发事件等带来的巨大影响，月折旧可以让能源投资者获得一定的溢价。而能源实物资源较少，优良资源已经被瓜分殆尽，这就让投资者更多的转向一些能源虚拟市场的投资，如石油天然气期货。然而，追逐资本是资本主义的本性，无论是能源事物资产还是能源虚拟金融都是这些金融机构投资的一部分，期间必定不会安置与此让其本身升值，而要在不同市场上进行流转，这样才能够获得更多的收益。

（三）能源效率市场是新出现的能源金融模式

在 20 世纪 70 年代中期，市场上开始兴起一种新的节能机制，这是以前从未有过的。这种名为"合同能源管理"的新机制从出现以来，发展形势十分迅猛，而这种发展机制下的一个新的类种——"节能服务公司"发展的脚步也十分迅速，特别是在北美地区，这种新兴方式更被作为一种产业，呈现出一种产业化的优势。实质上也是如此，合同能源管理机制的实质正是与整个世界发展需求所一致的，它通过减少能源费用来支付节能项目的全部费用，而由于其与以往能源投资不同的特性，也因此受到越来越多的能源金融投资者的青睐。节能服务公司（ESCO）正是在这种机制和追捧下应运而生的。与传统的节能投资风险承担方法不同的是，传统中，节能投资风险是由实施节能投资的企业承担的，而合同能源管理机制下，风险是由投资企业与愿意进行节能改造的用户共同承担的，当然，共同承担需要签订相关的节能服务合同，而这样做的好处就是，能够使双方共同减少损失。这种风险共担，盈利共享的运营模式有助于推动节能项目的开展。

第三节 能源期货市场的价格风险管理功能

一、能源价格风险概念

(一)风险

根据美国学者海尼斯(Haynes)在 1895 年发表的《风险——一项经济因素》(Risk as an Economic Factor)以及罗伯特·梅尔(Robert L. Mehr)在 1986 年所著的《保险原理》(Fundamentals of Insurance)两本著作对风险概念的阐述,风险一般是指未来结果的不确定性或波动性,在金融领域表现为未来收益、资产或价值的波动性或不确定性,学术界对风险的定义虽然说法不一,可大同小异。具体而言,可以将风险的特点概括为:

(1)风险属于未来事件,未来事件的结果会随着时间、环境等客观条件的变化而变化,即具有客观的不确定性。

(2)在浩瀚的宇宙中,人只是一种渺小的生物,人的主观能动性是极其有限的,因而,人类的预测能力是非常有限的,因此,对于风险的预测,也会出现程度与结果的差异,即主观上的不确定性。

(3)风险具有双重性,包括风险收益和风险损失两个方面。

(二)价格风险

能源的价格风险这个问题是与企业其他管理项目不同的一个项目,是在以上关于风险的概念和分类中衍生出来的。下文对其进行着重论述。

价格风险是指纽约商品交易所的价格变动。一家公司可能已经对很多客户承诺了取暖油的销售价格,在公司购买到取暖油或者确定油料价格之前,存在油价上涨的风险。在不采取避险措施的情况下,油价的波动会让销售商辗转难眠。

所谓能源价格风险,是指因能源价格的波动给能源生产者或消费者等各方带来的收益上的不确定性。能源价格风险大小直接影响能源生产与消费的各种选择,因此,有效的度量能源价格风险,并在此基础上,进行有效控制和管理对能源市场参与各方均具有重要意义。

二、能源价格风险的度量

(一)在险值

度量价格风险最主要,也是最常用的工具是在险值(Value at Risk,VaR)。最初出现 VaR 是在 20 世纪 80 年代末,而最初出现则是由于交易商对金融资产风险测量的需要。实际上,VaR 只是一种用于测定金融风险并加以管理的工具。在传统的对风险管理的过程中,由于受到生产力水平的制约以及各种社会条件的限制,因而对于风险的预测与管理主要以老管理者的经验和直觉,而 VaR 的出现改变了这种落后的方法,使得管理者对于风险的预测和衡量变得更加科学。在险值法的基础理论是概率论和数理统计理论,这正是其与传统风险管理更加科学进步的地方。因而,这种技术很快被整个国际上一些相关行业采用。

从字面意思不难理解,在险值,就是虽然处在风险中,但还是很有价值。严格的定义如下:

假设 R 是描述组合收益的随机变量,那么用 $f(R)$ 来表示其概率密度函数,置信水平是 c,那么收益小于 R^* 的概率为

$$Probility[R < R^*] = \int_{-\infty}^{R^*} f(R)dR = c$$

VaR 不是仅仅只是笼统的一种,而是有两种情况,这两种情况分别是绝对风险值和相对风险值。我们用下列公式来表示绝对风险:

$$VaR(绝对) = -R^*W$$

相对 VaR 是指相对于收益期望值的最大可能损失。下面公式可见：

$$VaR(相对) = -R^* W + \mu W$$

其中，μ 是收益的期望值；W 是头寸大小。而在现实生活中的具体实践中，相对 VaR 的使用频率更高一些。

通常通过计算会产生一个 VaR 值，这个值在本次计算中是固定的。具体而言，这个值涉及三个重要因素：第一个是持有期；第二个是置信水平；第三个则是基础货币。什么叫作持有期呢？这里我们通俗一点来解释，假如这场交易会产生两个风险，那么这个风险的结束到下个风险的开始中间这一段时间就被称作持有期，也就是说持有期是一个时间范围概念。那么讨论完持有期，我们就来解释一下置信水平。有了风险必定会有一定的承担者，而这个主体对风险的偏好程度就被称作置信水平，通常置信水平有一个范围，一般在 90%～99.9% 之间。在险值(VaR)通常会以一个国家的货币作为基准。因此，VaR 这种方法相对于其他预测风险的方法更具有优越性。

（二）VaR 的计算

虽然在计算 VaR 时可以采用的方法很多，但总体而言，最常见的使用最广的还要数以下几种，下面来进行简单论述。

1. 方差协方差方法

记 $\{P_t\}$ 为某金融工具的价格的时间序列，R_t 为收益，在金融市场价格的随机游动假说下，P_t 服从独立的正态分布。由以下收益(R_t)的定义：

$$R_t = (P_t - P_{t-1})/P_{t-1}$$

可知，当 P_{t-1} 已知时，收益序列 $\{R_t\}$ 服从独立的正态分布。设

$$R_t \sim N(\mu, \sigma_t^2)$$

令 $Z_t = (R_t - \mu)/\sigma_t$，则有 Z_t 服从标准正态分布，

$$Z_t \sim N(0,1)$$

由式 $Probility[R < R^*] = \int_{-\infty}^{R^*} f(R)dR = c$ 对风险值的定义,得到下式:

$$Probility[R < R^*] = Probility[Z_t < (R^* - \mu)/\sigma_t] = c$$

对给定的置信水平 c,对应的标准正态分布的分位点为 α(由标准正态分布表查表可得),所以有

$$I(R^* - \mu)/\sigma_t] = \alpha$$

代入式 $VaR(绝对) = -R^* W$ 和式 $VaR(相对) = -R^* W + \mu W$,我们得到以下结果:

$$VaR(绝对) = -\mu W - -\alpha\sigma_t W$$

$$VaR(相对) = -\alpha\sigma_t W$$

正如上面讲到的,实践中经常用到相对 VaR,亦即采用式 $VaR(相对) = -R^* W + \mu W$ 计算时刻 t 的风险值。以下我们谈到 VaR 时均指相对 VaR。

当资产组合包括两种以上资产时,我们用向量形式来表示。假定组合中有 n 种资产,每种资产的收益为 $R_i(t)(i = 1, \cdots, n)$,令向量 $R(t)[R_1(t)R_2(t)\cdots R_n(t)]^T$,并假设 $R(t)$ 服从多元正态分布,记向量 $F = (\rho_{i,j})_{n \times n}$ 为 n 种资产的相关系数矩阵,$\omega_1 + \omega_2 + \cdots + \omega_n = 1$。另记投资组合的收益为 $R_P(t)$,则有

$$R_P(t) = \omega_1 R_1(t) + \omega_2 R_2(t) + \cdots + \omega_n R_P(t)$$

$R_P(t)$ 是服从正态分布的,根据上面的公式,可以计算出风险值 VaR_p 为

$$VaR_p = -\alpha\sigma_t W$$

剩下的问题就是计算投资组合的标准差 σ_p 了。

通过以上一系列公式推导,我们可以发现,如果 t 处在正态假设下,那么得到 VaR 的值就更加容易,通过估计每种资产的标准差以及这些资产之间的相互关联即可。

2. 历史模拟法

历史模拟法一个重要的要素就是历史数据。通过对这些历

史损耗数据以及收益数据进行计算分析得出新的数据排列,按照从小到达的顺序进行排列,从而可以一目了然看到相对应的分位点 R^*,从而计算出 VaR。

如果投资组合之后,发现历史数据并不充足,或者根本没有数据时,那么就要进行简单的改进。而改进必然要对症下药,搞清问题的所在。这就首先要对基础金融工具进行分析检测,然后考虑其他的风险因素,通过分析这些相关因素的数据,从而间接得到所需要的数据。

3. Monte Carlo 方法

这种方法与历史模拟法有着很大的不同,历史模拟法只需要对历史数据进行整理,进而分析就可以得到一定的结果,而 Monte Carlo 方法则没有这个优势,估计风险值不能利用已有的数据,而是要搞清风险的分布区域,从而来估计分布的参数,然后利用相应的"随机数发生器"来得出大量的符合历史分布的可能数据,进而来确定组合的可能掘益。

在关于能源价格风险的计算中,J P Morgan 集团做出了重要的贡献。可以说,它为后来人们估算能源价格风险提供了许多有益的借鉴。从 1994 年开始该集团致力于在互联网上公布的名为风险度量(Risk Metrics)的方法和数据,采取的计算方法就是人们经常使用的 VaR 的方法,它假定对数价格的变化服从独立异方差的正态分布:

$$r_t = \ln(P_t) - \ln(P_{t-1}) \sim N(0, \sigma_t^2)$$

在这个公式中,P_t 代表的是某种金融工具的价格,时间范围是 t,并将时间间隔定为 1 天。

"如果 P_{t-1} 是已知的,此时,如果假定 n 的分布是均值为 0,方差为 σ_t 的正态分布"[1]。在这里不难看出,方差的时变性被放在了一个重要的位置。

---

[1]　魏一鸣. 能源经济学[M]. 北京:科学出版社,2011,第 170 页

　　历史模拟法的优点是显而易见的。首先，概念简单，操作方便，便于解释；其次，在分析收益的分布时没有假定性，这就意味着，无论是在形式上还是参数的选择上，都不对其造成影响，因而也就没必要将其纳入到探讨范围；最后，历史模拟法作为一种非参数方法，使得我们不必估计波动性、相关性等参数，那么也就避免了参数估计的风险，即所谓"模型风险"。这是历史模拟法明显优于方差协方差方法和 Monte Carlo 方法的地方。Mahoney 发现，历史模拟法能够在所有置信水平下（可以高达99%）得到 VaR 的无偏估计，而方差协方差方法在置信水平高于95%时就开始低估 VaR 了。

　　历史模拟法在应用中也有一些问题。一个是需要的数据量比较多，这一点在有些金融工具中是比较困难的，对一些经常调整的投资组合尤其困难。另一个缺点是估计的结果完全依赖于历史数据集合的选取，隐含的假设就是：过去的信息能够充分描绘未来的风险水平。另外一个需要考虑的问题就是，如何来正确选择历史数据区间长度（T）。这个问题在计算 VaR 的过程中是一个不容忽视的问题。在进行问题处理时，一方面我们希望得到很多的充足的数据，认为数据越多越好，越能够正确反映所关心的历史分布的尾部。但另一方面，数据多了也会产生一定的新问题，时间的快速逝去使得一切事物变性增大，整个系统本身也不例外，会随着时间的变化发生一定的波动。而我们在进行计算时往往希望得到一些及时的新的数据，而不是一些陈旧的数据，因为离预测那天越近的数据中会包含一些更加有价值的接近预算的信息，而这样得到的结果也就更为可信。所以，这是一对矛盾，我们在选择数据的长度上，是一个两难的选择。

　　基于上述对历史模拟法的认识，一种改进的思路是：不直接采用收益分布的历史数据，而是采用预测误差的历史数据。这里采用 ARMA 模型预测未来收益，所以，把这种 ARMA 模型和历史模拟法相结合的方法叫作带有预测的历史模拟法（HSAF）。

HSAF 的计算过程包括以下四步。

(1)计算样本收益率的绝对值。

(2)建立 ARMA 模型。

(3)计算样本内的预测值和预测误差。

(4)计算 VaR(预测值＋误差对应的分位数)。

下面利用 HSAF 计算 Brent 原油的价格风险,设置信水平为 $c=99\%$,对应于不同的历史数据长度 T,我们分别应用 HSAF 方法对未来的 VaR 进行预测,对同样的时间区间(1992 年 1 月至 2001 年 12 月)预测的结果见表 7-3。

表 7-3　HAMF 不同时间长度的 VaR 预测效果

T/天	最大值/%	最小值/%	平均值/%	实际收益率超过 VaR 的比例/%
100	13.74	4.51	7.34	1.96
300	11.45	5.92	7.85	1.70
500	10.48	6.78	7.74	1.31
1000	9.92	6.24	7.32	1.44

在表 7-3 中观察实际收益率超过 VaR 的比例,我们可以看到,当历史数据长度取为 500 天时,实际收益率超出预测的 VaR 的比例与预设的 99% 的置信水平最为吻合。所以,我们在以后的预测中选择 T=500 天。那么,对 2002 年 1 月至 2003 年 6 月的预测结果如图 7-2 所示,实际的收益率波动超出预测的正负 VaR 的比例为 0.54%,说明在 99.46% 的天数,实际的收益率波动不会超过预测的 VaR。

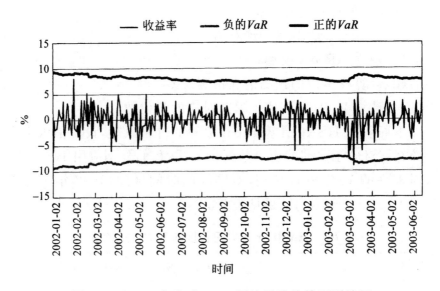

图 7-2　HSAF 方法对 Brent 原油风险值的预测结果

第八章　新能源的开发利用与经济发展

随着环境问题在世界范围内的日益严重,新能源的开发和利用日益得到了世界各国的重视。针对我国能源消耗总量大、单位能耗高、污染严重的现状,我国政府非常重视新能源和可再生能源的开发和应用,大力发展循环经济与低碳经济,以促进我国经济发展的转型升级。

第一节　我国能源利用状况以及新能源政策

一、我国能源利用状况

(一)我国能源现状

1949 年新中国成立时,全国一次能源的生产总量仅为 2374 万吨标准煤,居世界第 10 位。经过新中国成立初期的经济恢复,到 1953 年,一次能源的生产总量和消费总量分别发展为 5200 万吨标准煤和 5400 万吨标准煤,与新中国成立初期相比翻了一番。

改革开放以来,中国的能源工业在数量上和质量上都有了巨大的发展和进步。1998 年中国一次能源的生产总量和消费总量分别达到 12.4 亿吨标准煤和 13.6 亿吨标准煤,均居世界第三位。2000 年中国一次能源的产量构成如下:原煤 99800 万吨,占 67.2%;原油 16300 万吨,占 21.4%;天然气 277.3 亿立方米,占 3.4%;水电 2224 亿千瓦时,占 8%。综上所述,在进入 21 世纪之际,中国已拥有世界第三位的能源系统,成为世界能源大国。

（二）中国能源利用中存在的问题

1. 我国的人均能耗低

我国能源消费总量巨大，超过俄罗斯，仅次于美国，居世界第二位。但由于人口过多，人均能耗水平却很低。从世界范围来看，经济越发达，能源消费量越大。21 世纪中叶，中国国民经济要达到中等发达国家水平，人均能源消费量还将有很大的提高。

2. 我国的人均能源资源少是一大挑战

我国具有辽阔的国土面积，丰富的物种资源，自然资源总量在世界上的排名居前七位，标准煤总量约有 4 万亿，位居世界的前三位，而石油的资源总量为 930 亿吨；天然气为 38 万亿立方米；水力上可开发的装机容量有 3.78 亿千瓦，位于世界首位。但是我国是一个人口大国，这么多资源总量被我国十几亿人口一平均，人均资源占有量却很少，这是我国社会可持续发展的一个重要的制约因素，是我国社会发展能源面临的一个重大挑战。

3. 以煤为主的能源结构亟待调整

以煤为主的能源结构，必然带来一些问题，需要采取有力措施加以调整。

（1）大量燃煤对环境有非常不利的影响。我国的燃煤量占世界总量的 27%，是世界上以煤炭为主的能源消费大国，而煤炭燃烧时排出的热量要远远高于天然气和石油，这加大了温室效应，不利于环境的发展。

（2）大量用煤导致能源效率低下。中国能源效率比国际先进水平低 10 个百分点，主要耗能产品单位能耗比发达国家高 12%～55%，这一现象与以煤为主的能源结构有密切关系。一般来说，以煤为主的能源结构的能源效率比以油气为主的能源结构的能源效率约低 8 至 10 个百分点。

（3）交通运输压力巨大。中国煤炭生产基地远离消费中心，形成了西煤东运、北煤南运、煤炭出关的强大煤流，不仅运量大，而且运距长。大量使用煤炭给中国的交通运输带来的压力十分巨大。

（4）将能源供应安全问题提到议事日程上来。中国未来能源供应安全问题，主要是石油和天然气的可靠供应问题。

二、我国的新能源政策

（一）我国新能源政策的历史演变

从我国开始意识到能源将日益成为国民经济发展瓶颈和节能的重要性、倡导能源供给多元化开始，政府及主管部门就制定并出台了一系列法律、法规和政策，对新能源发展发挥着重要的作用。

1. 萌芽阶段

20世纪80年代初，我国确定了"以电力为中心"的能源发展政策，但仍然把新能源列入国家重点科技攻关计划。"七五"计划提出，要对能源结构进行调整改善，提倡进行多元化结构调整，在有条件的地区，进行新能源诸如太阳能、风能、地热能等的开发和利用，并明确有重点、有步骤地建设核电站。1987年，我国正式出台了信贷政策和支持新能源发展政策，在农村，建立能源专项贴息贷款，对于建设风电厂、生产太阳能热水器等新能源项目由中央出资进行补贴。在1988年，将"资源节约和综合利用计划"代替了五年计划中的"节约能源计划"，所以说，20世纪80年代是我国新能源产业从关注到研究的萌芽阶段。

2. 起步阶段

1994年7月4日，国务院批准了我国的第一个国家级可持续发展战略——《中国21世纪人口，环境与发展白皮书》，确立了

"因地制宜,多能互补,综合利用,讲究效益"的政策,这说明了我国的新能源有了一个新的发展阶段。

1994年,《风力发电场并网运行管理规定》出台,在此规定中,明确对风电产业发展持鼓励政策。

1995年,《中华人民共和国电力法》明确提出要对新能源和清洁能源发电进行支持利用,同年1月《中国新能源和可再生能源发展纲要(1996—2010)》出台,明确规定要加快新能源和可再生能源的发展速度。

1996年,国家经贸委出台的《"九五"新能源和可再生能源产业化发展计划》和国家计委出台的《节能和新能源发展"九五"计划和2010年发展规划》都对风能、海洋能、地能等新能源的开发利用做出了相关的论述,以期更好地开发使用新能源。

1998,先后颁布了《节约能源法》《重点用能单位节能管理办法》《节约用电管理办法》和《中华人民共和国建筑法》,这些法律法条都有鼓励新能源开发和利用的相关规定。1998年,太阳能,垃圾、生物质发电以及大型风力机等新能源被国务院列入了重点发展的产业目录当中。

1999年,国家计委、科技部在《关于进一步支持新能源与可再生能源发展有关问题的通知》中,明确了新能源发电项目可由银行优先安排贷款,且贷款以国家开发行为主,鼓励商业银行积极参与。

由此可见,20世纪90年代国家支持发展新能源产业的政策更加明晰,措施更为具体,说明了这一时期新能源产业发展政策已经起步。

3. 强化阶段

21世纪以来,我国对新能源的开发与利用给予了高度重视,已将新能源作为战略新兴产业进行大力扶持和发展,并为此出台一些政策来进行鼓励扶持。

2002年6月,清洁生产概念由《中华人民共和国清洁生产促进法》提出,清洁生产指通过改进设计、以清洁的能源和原料为基础,使用先进的技术设备,改善管理等措施来提高资源的利用率,避免生产中产生污染物,从而减轻生产对人类的生存健康和环境的危害,同时,在本法中还对激励措施和不清洁生产的产品目录及标准做出了规定。

2005 年 2 月,十届人大常委会在第 14 次会议上通过《可再生能源法》,这有利于促进可再生能源的开发和利用,增加我国的能源供给,改善我国的能源利用结构,促进环境的健康发展,进而实现我国社会经济的可持续发展。

2007 年 7 月 25 日,《电网企业全额收购可再生能源电量监管办法》开始实行,该办法对电力企业全额收购其电网覆盖范围内的可再生能源并网发电项目上网电量进行了规定。

2008 年 3 月 18 日,《可再生能源发展"十一五"规划》(以下简称《规划》)出台,该《规划》中提出:到 2010 年可再生能源在能源消费中的比重达到 10% 及全国可再生能源年利用量达到 3 亿吨标准煤。

2009 年 12 月,第十一届全国人民代表大会常务委员会第 12 次会议通过《关于修改〈中华人民共和国可再生能源法〉的决定》。

2010 年 4 月 1 日,《可再生能源法修正案》实施规定,国家财政在可再生能源发展专项资金的基础上设立可再生能源发展基金。10 月 18 日,《国务院关于加快培育和发展战略性新兴产业的决定》以下简称《决定》发布,该《决定》指出:在"十二五"期间我国将对新能源、新能源汽车等七大产业进行重点培育和发展,完善新能源、资源性产品的价格机制及税收机制,实施新能源配额制并落实新能源发电全额保障性收购制度等。

(二)新能源在"十三五"期间的发展趋势

1. 光伏产业持续发力

近几年,全球光伏产业新增机将继续保持在 30% 以上增速,主要依靠技术进步和成本降低。2014 年,在非洲、南美洲、中美洲、中亚、东欧等国家和地区,太阳能光伏产业也正在扩大规模。国内光伏产业经过了调整后,各地方政府陆续出台多项支持政策,从国内外看,光伏产业在"十三五"期间还将进一步发展。

2. 海上风电行业进一步规范

2014 年 6 月,国家发展和改革委出台海上风电上网电价政策。通过特许权招标确定海上风电项目,其上网电价按照中标价格执行,但不得高于以上规定的同类项目上网电价水平。这一政策将促进风电产业步入商业化正轨。此外,对于风电制造业门槛抬高和行业规范化治理的重视,将有利于风电行业走出无序竞争,提升行业集中度。

3. 核能行业前景较为乐观

2014 年,国家能源局发布《能源发展战略行动计划(2014—2020年)》,到 2020 年,核电装机容量达到 58 吉瓦,在建容量达到 30 吉瓦以上。以此计算,2015—2019 年将迎来新建核电站投入商业化运行的密集期,每年将有 3~8 台核电投运。对核电企业及其相关业务都是较大的利好消息。

4. 储能行业崭露头角

储能技术是一种多学科交叉合作的战略性前沿技术,带动了一个新兴的战略性产业——储能业——的发展。当前,部分储能公司已经从初创阶段进入到批量生产时期,凭借强大的资金和技术支持实现了产业化。作为一个新兴行业,储能业在"十三五"期间将迎来一个快速发展的时期。

在全球能源危机和环境恶化的背景下,新型绿色能源发展潜力加大,受到国际社会的普遍重视,各国政府纷纷制定出相关的激励政策与措施。未来 3~5 年,清洁能源将成为中国能源发展的首要方向,光能、风能和核能将作为新能源的三大支柱产业,存在明显的增长空间。陆续出台的新能源发展政策、逐步成熟的新能源技术、迅速壮大的新能源企业,都将进一步推动我国新能源产业化快速发展。

(三)我国的新能源政策的完善

1. 深化能源管理体制改革

我国的能源管理体制在中央部门和地方政府以及相互间的统筹需要协调加强,形成一个统筹有效、分工合理的新能源管理体制,从而有利于强化国家对新能源产业发展做好总体规划,发挥好国家的宏观调控。例如,西部地区的一些省(市、区)的风能蕴藏量大,但由于西部地区的经济不发达,有丰富的煤炭资源,因此使得西部地区的供电压力不大,且风电发展上网需要补贴,增加地方政府财政负担,其发展风电的积极性不高。这就需要中央政府和地方政府对能源等进行跨地区和跨部门的协调。

2. 完善财税政策

为了促进我国新能源产业发展,我国应借鉴欧美国家的经验,制定一些有利于新能源发展的相关激励政策。

一是财政补贴政策。对于市场潜力较大的新能源项目,中央和地方应根据责任分担的原则给予一定比例的补贴;对于新能源研发、人才培训以及产业发展的宣讲活动,政府应给予一定补贴;对于新能源产品的使用成本高问题,例如太阳能电池、太阳能热水器和风力发动机等新能源的安置费用,政府应给予一定比例的补贴。

二是税收优惠政策。为了带动有潜力的新能源技术的推广应用及其新能源产业的快速发展,对社会效益好、环保效益高的新能源技术开发及其产品实施税收减免;对于使用进口新能源设备的企业,政府可以酌情对其实行关税减免。对于生物质能的发展,应减免生物质原料加工转化成新产品的增值税。

3. 重视传统节能技术的研发

从我国的能源消费结构来看,虽然水电经济性好,但资源总量有限;核电受技术、安全等因素制约;风电、太阳能等新能源发电成本高,短期内无法有效替代化石能源,所以在相当一段时期内,我国在能源上的消费仍以煤炭、石油常规能源为主。由此来看,我们既要重视开发新能源,同时也要提高煤炭、石油等常规能源的利用效率。从当前来看,我国煤炭的利用率低于 25%,和发达国家相比,我国的煤炭热量利用率尚有 10% 左右的差距,因此来看,我国在制定相关的政策时,既要注重加快新能源的开发,也要注重对传统能源节能减排技术的研发。

4. 完善金融政策

国际经验表明,金融支持也是新能源产业发展的重要条件。新能源产业不仅需要一个稳定的融资机制,更需要信贷支持政策。因此,政府应出台相关的支持新能源发展的信贷政策,发挥政策性银行的作用,对新能源项目提供长期低息贷款和优先贷款。在我国当前经济增长速度放慢的情况下,能源新技术的开发从传统金融机构中得到的支持不大,新能源开发可以利用风险投资、私募股权投资、个人投资等重要的资源。但目前我国对这些重要资源的利用却不够充分。因此,需要对制度尽快完善,比如可以健全股市中小企业板、创业板、柜台交易等的退出平台,使"创投"可以更好地顺利退出;各级政府可以设立一些关于风险投资引导基金,从而使创投的投资风险降低;另外,也可以对国外比较成熟的风险投资模式和经验进行借鉴,来健全我国的风险投资补偿机制,比如可以在税收上提供优惠政策。

5. 加强新能源的国际合作

能源保障是全球性问题,为了抗击全球金融危机和应对全球气候变化,各国需要协调行动,因此,国际社会需要建立互利合作、协同保障的新能源安全机制。我国在新能源国际合作方面，必须以全球视野去面对能源安全问题，一方面应致力于改善与其他国家的双边能源关系，并以此作为对外合作和战略的基础；另一方面，我国也应积极参与多边能源合作法律准则的制定，避免能源和技术交易中的恶性竞争。我们更应从加强对话交流、开展务实合作、共同应对挑战等方面入手，加强与美日欧等新能源和节能环保技术的合作，推动我国新能源的稳步发展。

第二节　大力发展循环经济与低碳经济

社会经济迅速发展的同时，出现了一系列严峻的生态问题，如资源枯竭、环境污染和生态失衡等等，这些都制约了我国的社会经济的发展。为了实现经济的可持续发展，必须要改变以往的经济增长模式，发展循环经济和低碳经济。

一、循环经济

（一）循环经济的产生与发展

循环经济思想以 1966 年美国经济学家 K. 鲍尔丁（K. Bounding）提出的"宇宙飞船理论"为萌芽标志。他指出，当前人类的经济发展模式是"资源—产品—污染排放"的单向流动线性模式，这种模式在资源有限及环境承受力有限的前提下，必然会引发资源危机，地球就像茫茫宇宙中一艘孤立无援的宇宙飞船一样，最终会因为资源耗竭而走向灭亡，而解决的唯一方法就是对现有资源尽可能地进行循环使用。虽然鲍尔丁没有明确指出循环经济这一词，但是通过他的思想可以明确看出这一概念。他的思想启发人们在 20 世纪 60 年代末开始对资源与环境的国际经济进行关注和研究。

20 世纪 60 至 70 年代，世界各国主要关注环境污染、环境保护、环境治理等问题,但只是关注人类经济活动造成的环境后果和生态影响,以及产生污染后的末端治理方式,并没有从经济运行机制和传统的经济流程的缺陷上揭示产生环境污染及生态破坏的本质,没有从经济和生产的源头上寻找问题的症结所在。因此,"边生产、边污染、边治理"和"先生产、后污染、再治理"成为那个时代的主要特征。

1972 年,D. L. 米都斯(D. L. Meadows)发表了罗马俱乐部的第一份题为《增长的极限》的研究报告,报告认为,由于世界人口增长、粮食生产、工业发展、资源消耗和环境污染的指数增长,地球的支撑能力将会达到极限,避免因超越地球资源极限而导致世界崩溃的最好方式是限制增长,即"零增长"。《增长的极限》发表之后,在国际上引起了强烈的反响。虽然该报告的结论存在明显的缺陷,但是,报告反映出的资源环境与经济发展之间存在的不可回避的矛盾,引起了世界各国的广泛关注和重视,对唤起人类自身的觉醒和对前途的忧患,有着十分重要的意义。

1983 年 3 月,联合国成立了以布伦特兰夫人(G. H. Brundland)任主席的世界环境与发展委员会,经过 3 年多的研究,该委员会于 1987 年向联合国提交了《我们共同的未来》报告。该报告分"共同的问题""共同的挑战""共同的努力"三部分,在分析了人类面临的一系列经济、社会、环境问题后,提出了可持续发展的概念,并对可持续发展的内容进行了较为深入的讨论。

1992 年 6 月,183 个国家和地区的代表团和 70 个国际组织的代表出席了在巴西里约热内卢召开的联合国环境与发展大会(UNCED),会议通过了《里约环境与发展宣言》(又名《地球宪章》)和《21 世纪议程》两个纲领性文件:一致认为工业革命以来所沿用的那种以"大量消耗资源"和"经济粗放型"为特征的传统发展模式,虽然满足了人类的短期需求,但是牺牲了人类长远发展的利益,没有带来全球普遍和共同的发展,是不可持续的,也是必须要摒弃的。同时,《21 世纪议程》否定了"高生产、高消耗、高污染"的传统工业模式和"先污染、后治理"的传统环保道路,主张实施人与人以及人与自然之间和谐的可持续发展战略。以这次大会为标志,人类对环境与发展的认识提高到了一个崭新的阶段,是人类迈向新的文明时代的关键性的一步。

总的来看,循环经济从萌芽到快速发展,标志着人类对赖以生存的地球环境的尊重,以及对环境和资源保护意识的大大增强,这都将促进循环经济的飞速发展。

(二)循环经济的基本理念和科学内涵

1. 循环经济的基本理念

循环经济的现实意义在于转变经济增长方式,因此,循环经济理论是一种关于增长与发展的理论。资源节约和环境友好是发展循环经济最核心、最重要的两个基本理念,而可持续发展理论是资源节约和环境友好的最佳诠释。

可持续发展主要以人类的长期发展为立足点,其主要包括以下三个方面。

第一,可持续发展对经济增长持鼓励态度。它既在经济增长数量上有所追求,也注重质量上的提高。可持续发展需要保持一定的经济增长速度为基础,只有经济有所发展,人们的物质生存质量才能得到不断提高和发展。

第二,可持续发展以资源的永续利用和建设良好的生态环境为标志。经济和社会需要发展,但是这种发展不能以超过资源和环境的承载力为代价。可持续发展着重点在这种承载力之内,从根本上对环境问题有所解决和突破。由此也可以看出大力发展绿色能源的重要性和紧迫性。

第三,可持续发展以社会的全面进步为发展目标。可持续发展以社会经济发展为基础,以生态环境的保护为发展条件,以社会的进步为发展的最终目的。总的看来,可持续发展是以人为本的生态环境—经济—社会三者为一体的复合系统的健康、稳定、持续的发展。

可持续发展应遵从公平性、持续性和共同性三个基本原则。大力发展循环经济的理论依据主要体现在这三个原则中。对于公平性原则，可以理解为：大力发展循环经济不仅是重视当代人、本国人公平获取资源、公平享有生态系统、改善和提高生存环境的权利，同样也是强调后代人有获取同等可持续发展的权利。对于持续性原则，可以理解为：大力发展循环经济是生态持续性的有力保证，是经济持续性的必要条件，是社会可持续性的必备手段。对于共同性原则，可以理解为：大力发展绿色能源不仅是人口、资源、环境的相互协调，也是各区域间、各区域内的相互协调。

2. 循环经济的科学内涵

循环经济是指按照清洁生产要求及减量化、再利用、资源化原则，对物质资源及其废弃物实行综合利用的经济过程。

准确理解循环经济这一概念，关键在于把握四个基本要求：一是循环经济必须符合生态经济的要求，即必须按照清洁生产的要求运行；二是循环经济必须遵循"3R"原则，即在指导思想上，循环经济方式必须与以往单纯地对废物进行回收利用方式相区别；三是循环经济要求对物质资源及其废弃物必须实行综合利用，而不能只是部分利用或单方面的利用；四是循环经济要重在经济而不是重在循环。

在循环经济中，要充分考虑经济效益问题，因而人们必须把它理解为一个经济过程。作为一种经济运行方式，循环经济和传统的经济运行方式相比，就是要求把经济活动在不妨碍甚至提高经济效益的前提下，组成一个"资源—产品—再生资源"的反馈式流程，因而在本质上是一种生态经济和再生产的经济过程，是用经济学、生态学规律指导人类社会所产生的一种经济活动。

需要着重指出的是：循环经济所指的"物质资源"或"资源"，不仅是自然资源，而且包括再生资源；所指的"能源"，不仅是指一般的能源，如煤、石油、天然气等化石能源，而且包括太阳能、风能、潮汐能、地热能、生物质能等绿色能源。它注重推进资源、能源节约、资源综合利用和推行清洁生产，以便把经济活动对自然环境的影响降低到尽可能小的程度。

（三）循环经济的"3R"原则

"3R"原则，即减量化（Reducing）原则、再利用（Reusing）原则、资源化（Recycling）原则。

1. 减量化（Reducing）原则

减量化即在用料、消耗和排放等方面进行减量。它主要包括三个方面：一是减少输入端的资源用量，二是减少过程中的物质用量，三是减少输出端的废物排放量。输入端是指减少用于进入生产消费过程中的物质总量，从而达到节约资源的目的。过程中的物质减量是减少生产过程、消费过程中对物质消耗的用量，尽可能地提高对物质资源的利用效率，来达到减量的目的。减少输出端的废物排放量是指减少各种废物的产生量，尤其是要减少那些不利于环境发展的有毒污染物的排放。也就是说，从源头减少进入生产和消费过程的物质量直至全过程，都要最大限度地节约资源、使用资源、减少排放。偷工减料显然不是循环经济意义上的减量化。

2. 再利用原则

再利用原则主要是增加对产品的利用次数，使产品的使用时间延长。再利用原则是过程性的方法，这个原则要求产品和包装容器能以原始的形式来被多次利用，使产品和包装物等资源尽可能地被多次使用，延长其使用时间，避免被早早地废弃。需要说明的是，循环经济中的再利用原则和废品回收利用两者是不一样的。废品回收利用是我国计划经济下的产物，当时由于物资比较匮乏，为了缓解物资供应短缺而采取的办法，废品利用的作用只是在微观经济领域，对整个社会和环境的改善和影响几乎没有。

循环经济则是将可持续发展理论作为自身的思想基础,以科学发展观作为指导,在循环经济中,要求所有的物质和能源能够得到合理和长久的运用,尽可能地减少对大自然的影响和作用,使得废弃物在生产和消费过程中尽量减少以至于不产生废弃物,从而从根本上解决环境和发展两者之间的矛盾和冲突。由此可以看出,循环经济和简单的废物回收是完全不同的两者。

3. 资源化原则

资源化是指将废弃物重新变成资源投入生产过程,资源化原则主要是针对输出端的物品的重新利用。资源化原则要求产品和包装物等物品在完成自己的功能后可以以再生资源的方式重新投入到使用当中,能够被多次和反复循环使用,也就是说将资源进行回炉,重新投入到生产环节,而不是进行一次性的消费。从这个角度来看,在循环经济中,是没有"废弃物"产生的,所谓"废弃物"或者垃圾只是"被放错位置的资源"。需要说明的是,循环经济也不等同于简单的废物循环,从深层次来看,它不仅要求要节省资源,还要求在节省资源的同时满足人们的消费需要,更满足人们对日益增长的生态、生活、健康、环境等的需要,从而最终实现人与自然持续和谐发展。从这个意义来说,循环经济不仅是对生产模式产生了影响性的改变,也对人们的消费模式和生存观念有重要的影响作用。

(四)循环经济发展的特征

1. 观念先行性

发展循环经济首先就需要人类改变以往的发展观念。只有人类有意识对以往的生存模式和发展模式进行反思,认识到其中的局限性,对循环经济的本质和内涵有一个深入透彻的理解,对人类以往的生存和发展中遇到的资源困境有一个深入的认识,对发展循环经济对人类的生存与发展的重要意义有一个切实的领会,才能从自身改变行为方式,以一个主动积极的心态来自觉实践循环经济。而如果人们对传统的观念没有一个彻底的改变的话,是很难在行为上有所改变的,在人们的日常生活、技术创新等各项活动中也就仍然有传统模式的痕迹,这就使得循环经济不能得到突破性的发展。

2. 物质循环性

循环经济的发展是在一定的条件支持下,如观念、技术、制度、物质等,将地球系统在内的各种各样的资源按"资源—产品—再生资源"的流程组织起来,使地球上的资源在人类社会的经济、社会、生态等系统内部实现循环利用,在这个过程中同时将废弃物达到最小限度,进而实现人与自然的可持续发展。

3. 技术先导性

发展循环经济需要以科学技术进步为先决条件。发展循环经济,其资源的开采、产品的生产、废弃物的预防和控制、资源的再生等,其各个环节都需要以先进的技术条件来支持,如果没有先进的科学技术,就没有办法来发展循环经济。因此,人们需要大力发展科学技术,推进技术创新,对发展循环经济需要用到的科学技术进行着重研究,要用高新技术来解决循环经济发展过程中遇到的技术难题,进而推动循环经济的发展。在发展循环经济的过程中,着重需要构建由清洁生产技术、替代技术、减量化技术、再利用技术、资源化技术、无害化技术、系统化技术、环境检测技术等共同构成的技术体系,从而为发展循环经济提供一个强有力的技术支撑。

4. 效益综合性

循环经济不仅仅是经济发展的问题,其追求的效益也不仅仅是经济效益。循环经济追求生态系统、经济系统和社会系统的和谐统一,因此其追求的是生态效益、经济效益和社会效益的综合与统一。生态效益、经济效益和社会效益之间的关系是辩证统一的,它们互为条件、相互影响、互利共赢。

5. 主体多元性

循环经济是人类探索的一种新的生存和发展模式,需要每个人及由个人组成的组织来参与进来,其主体具有多元性,具体来说,包括政府、企业、高等院校与科研机构、公民等。而且,循环经济在发展的不同阶段,需要有不同的主体参与其中,因为各个主体的作用不同,其主体地位也各不相同。

(五)循环经济的运行模式

1.“小循环”模式——企业和家庭

当理论上把小循环界定在企业的清洁生产方面时,这容易使家庭成员或工作单位的职工认为,循环经济是企业的事情,与己无关。家庭也是社会中的基本单元,也是循环经济发展的基础力量。应当将家庭的清洁生活也纳入到循环模式。应当让每个公民、家庭、单位尽快行动起来,从一点一滴做起,从力所能及做起,从当下做起,为增强可持续发展能力做出贡献。

(1)企业——清洁生产与清洁工作

通常意义上,企业内部的清洁生产就是小循环,这是实现循环经济的基本形式。清洁生产不是说把卫生搞干净了,不但是指生产场所清洁,而且包括生产过程对自然环境没有污染,生产出来的产品也应是清洁产品和绿色产品。清洁生产主要是通过将企业内部各个工艺间的物料循环,使物料得到充分的利用,使上一道工艺的废料变成下一道工艺的原料,如此循环,从而做到污染物的“零排放”目标。清洁生产的实施工具主要包括清洁生产审计、环境管理体系、产品生态设计、环境标志、环境管理会计等,其中,以清洁生产审计为前提和核心。

清洁工作是指在工作范围内,在工作的各个环节及过程当中尽最大可能的将物资循环利用,减少废弃物的产生,从而使投入到工作中的物资得到最大限度的利用,从而形成节约物资,循环利用的工作方式。

(2)家庭——清洁生活

清洁生活是指在家庭生活的范围内,将投入到家庭生活中的物质资源最大循环地利用起来,减少家庭废弃物的产生,在源头上减量化,实现物质资源的循环利用、充分完全利用,进而形成人们节约使用物资、循环利用物资的生活方式。

2.“中循环”模式——企业之间

生态工业园区作为循环经济实践的重要形态,是继经济技术开发区、高新技术开发区之后的第三代园区。生态工业园区是发展循环经济的重要载体,它具有高科技、高产业链、集约性、共生性等特点,而不仅仅只是企业群的简单集合。在生态工业园区中,一个企业产生的废物或者副产品转变成为了另一个企业的原料。也就是说,在生态工业园区内,各家企业之间是紧密相连的,各企业之间可以通过交换废物、能量、信息等,形成一个各具特色,互赢互利的生态产业网络,在这个生态网络中,物质能量可以得到最大化的利用,排放的废弃物是最少的。与小循环相比较来看,“中循环”可以看作是企业之间的循环经济。

3.“大循环”模式——社会领域

“大循环”模式主要体现在社会层面,它是指在整个社会中,实现城市和农村、工业和农业等之间的物质循环。主要是以污染预防为出发点,通过废旧物资的再生利用,实现可持续消费,在满足人类基本生活需求的同时,以实现物质间的循环流动为基本特点,将社会、环境的可持续发展当作循环经济的最终发展目标,将各种资源和能源高效利用起来,降低污染物的排放。要提高产生和服务的利用率,最终实现整个大循环。

（六）循环经济中的基本规律

1. 生态经济规律

循环经济必须建立在生态经济的基础之上，没有生态经济作基础的循环经济，是没有生命力的。

作为循环经济运行基础的生态经济，是一种尊重生态规律和经济规律的经济。这种生态规律究其核心，是生态系统中物质循环动态平衡规律。基于以生态系统为基础的经济运行，包括生产、分配、交换、消费的各个环节，是由生产力与生产关系在生产力发展到一定水平上所形成的全开放系统。这种经济运行只有毫不间断地与生态环境进行物质和能量交换，才能存在和发展。从这个意义上说，经济规律究其核心是生产力发展的规律，而生产力发展的源泉，就是生态系统能够不断地提供优质、大量的物质资料，因而生态系统和经济系统构成一个矛盾统一体。由于在经济运行过程中生态经济规律的存在，因而在生态循环经济的过程中，就要求人们必须把人类经济社会发展与其依托的生态环境作为一个统一体，把经济系统与生态系统的多种组成要素联系起来进行综合考察与实施，从而通过经济、社会与生态发展之间的全面协调，达到生态经济和循环经济共同的、最优化的目标。

2. 两种资源并存和统一规律

循环经济所指的"资源"包括自然资源和再生资源，"能源"包括传统意义上的一般能源和绿色能源。这些资源，从循环经济理论的角度说，可以看作是"第一次资源"或"第一资源"。

在循环经济的运行中，仅仅有"第一资源"的作用和利用是远远不够的。循环经济的一个特色，就在于它不仅重视对"第一资源"的充分利用，也同样重视对"第二资源"的充分利用。它是两种资源并存和统一的经济方式。

所谓"第二资源"，是指在传统经济运行中被作为废弃物、被作为垃圾来处理的资源。从生态环境的角度看,垃圾固然是一种污染源;但从资源的角度看,它却是地球上唯一在增长着的资源(或称为潜在的资源)。据有关部门分析,当前中国城市已发展到660座之多,其中已有200座城市陷入垃圾包围之中,所产生的垃圾量达114亿吨,可以使100万人口的城市路面覆盖1米厚。虽然是垃圾,但如果将其全部利用,则可以产生相当于1340万吨石油的能量。有人曾做过这样的计算,中国城市每年因垃圾造成的损失约250亿~300亿元,而城市垃圾本可创造2500亿元的财富。所以在发展循环经济的过程中,科学地处理、利用垃圾,向垃圾要资源、要效益不但极为重要,而且显得极为迫切,这是未来经济社会维持可持续发展的"第二资源"。

3. 经济效益约束规律

经济学基本理论作了"经济人"的假设,这种"假设"揭示了人的本性是贪婪的。亚当·斯密把"看不见的手"看作是经济学的一条基本规律,人本性中的这种自利性,推动着人类社会的经济发展。

价值规律是市场经济运行中起基础作用的基本规律。所谓价值规律,是指商品价值量由社会必要劳动时间决定的规律。它包含着两个方面的内容:一是商品生产的规律,即反映生产商品同耗费劳动量之间的内在联系。通常情况下,生产商品耗费的社会必要劳动时间越多,则商品的价值越大;反之,商品的价值量就越小。二是商品交换的规律,即反映商品生产者之间等量劳动相交换的本质联系。商品交换要以它们包含的价值为基础。按照价值规律的要求,在正常的和理性的条件下,商品的价格无论怎样变动,从长期看,其价格都不会低于或高于社会必要劳动时间决定的价值量。虽然短时期内其他因素的干扰可能造成市场价格高于或低于商品价值量的情况,但不会改变价值规律的作用形式。

当然,人们重视自身的经济利益,并不意味着可以毫无顾忌、为所欲为。在现实经济社会生活中,人们还必须在一定的条件约束之下追求自身利益的最大化。也就是说,人们在追求自身利益最大化时,必须受当时社会的经济、政治、法律、文化、道德、伦理、传统等因素的约束,即尊重经济效益约束规律的作用。循环经济对经济社会的要求,就是一种经济效益约束规律的表现形式。

4. 权责对称规律

循环经济方式必须建立在可持续发展的基础之上。但对于个别企业来说,由于受企业技术、人才等因素的影响,采用循环经济方式会导致其生产费用的上升,因而个别企业从自身利益出发,会作出非可持续发展的决策。如果社会对其非可持续发展方式予以放任,则必然造成社会效益的损害,即产生负外部性效应。如果在这一导向下,其他企业也采用非可持续发展方式生产,则随着社会生产的进行,社会经济效益不是在提高,而在减少。为此,社会必须对企业在生产过程中所形成的负外部性的各种问题制定清晰而合理的规章制度,并在经济生活中通过社会监督和上层建筑部门的作用,使各微观经济主体走上可持续发展之路。由此可见,权责对称规律也是循环经济中不可忽视的重要规律。

(七)循环经济的发展路径

1. 加强组织领导,加强国家对循环经济的统筹工作

一是强化宏观调控,强制淘汰高耗能的落后工艺、技术和设备。

二是加强规划指导,制订全国发展循环经济总体规划及重点省市、重点领域的循环经济专项规划。

三是研究建立以资源产出率为核心、反映循环经济发展成效的评价指标体系及统计制度,开展循环经济的评价统计工作。

2. 加强教育宣传,提高公众对循环经济的认识

一是通过教育、培训、宣传,推行环境友好产品标志和循环利

用产品标志等方式,提高社会对循环经济的认同程度。

二是普及循环经济知识,利用学校进行循环经济教育,在学前教育、中小学的基础教育和大学生的学历教育中都加入循环经济知识的内容。

三是引导公众积极参与绿色消费活动,鼓励公众购买循环经济产品,反对奢侈浪费、随便丢弃,鼓励耐久产品的反复使用,减少一次性产品的使用。提高对循环经济发展的思想认识,走出对我国经济发展的误区,使我国公众确立顺应循环经济发展的资源观、环境观和发展观。

四是充分发挥政府的领导作用和决策推动作用,将实践经验大力推广到各个层面的循环经济实践中。另外,可以通过新闻媒体,大力宣传在实践循环经济中的先进典型。

五是鼓励各种民间组织参与循环经济的发展,建立循环技术服务中心、清洁生产中心等专业组织开展循环经济技术咨询和技术服务。

3. 完善政策体系,建立循环经济相关制度

通过政策引导循环经济发展,并且建立责任扩大制度、经济政策和激励制度来推动循环经济的发展。

(1)完善各类政策

投资和消费是带动循环经济发展的主要驱动力。在投资政策和项目选择上,应注重产业结构调整和升级。对直接推动循环经济的重点领域,根据不同行业的特点,贯彻"3R"原则,出台相关政策。

第一,深化自然资源及水、电、气等价格形成机制的改革,建立能够反映市场供求状况、资源稀缺程度和环境治理成本的价格形成机制。完善自然资源价格形成机制,调整资源型产品与最终产品的比价关系,通过提高资源使用成本来促使企业节约使用和循环利用资源;调整水、热、电、气等的价格,积极推进居民生活用水用电的阶梯式价格制度,对国家淘汰类和限制类项目及高耗能

企业实行差别化电价,鼓励企业和居民节约用水、用电。

第二,调整和完善税收政策。一方面,调整现行税制中不利于发展循环经济的税种,包括调整资源税和增值税。提高初始资源税,从而提高初始资源成本价格,增强企业使用再生资源的动力;对循环利用资源的企业、综合回收废弃物进行生产的企业,应在增值税上给予减免,以此鼓励企业自觉采纳循环生产模式。另一方面,开征新的税种,如开征环境污染税,实施环境关税,实行鼓励性税收。

第三,完善投融资政策。通过优惠政策,鼓励民间资金进入循环经济领域,尤其是静脉产业领域;政府财政提供"种子"基金,补贴循环经济项目;建立循环经济基金,探索循环经济基金发展模式。

第四,综合运用财政政策。制定循环经济财政补贴政策、循环经济产品政府优先采购政策;对循环经济基础设施建设、公共技术研发等实施财政直接投资政策;对国家和地区重点生态保护地区研究制定生态补偿政策,加大财政转移支付的力度。设立循环经济发展专项资金,出台再制造产业发展的鼓励政策以及鼓励"零排放"的政策。

(2)责任扩大制度

一是生产者责任扩大制度。所谓生产者责任扩大制度是指生产者对于产品的责任不仅是产品的设计生产阶段,还要扩展到产品生命周期的最后阶段,即产品的使用结束之后。该制度要求生产者不仅对产品的性能负责,而且对产品从生产到废弃对环境产生的影响负全部责任。因此生产者必须在生产源头就考虑如何抑制废弃物的产生,考虑包括原材料的选择、生产过程和工艺的确定、产品使用过程以及废弃等各个环节对环境的影响,设计出"环境友好"的绿色产品。

二是消费者责任扩大制度。消费者责任扩大制度是指消费者对消费品的责任不仅是在对其购买时和使用过程中,还应扩大到对消费品的使用完成后。消费者的责任不仅限于消费者在购买和使用消费品时实现绿色购买和绿色消费,即消费那些不会产生环境污染或对环境污染小且对人体无害的物品,消费过程中提倡高效利用物品,并避免污染环境。除此之外,为了加快循环经济在我国全社会范围内的发展实践,应该将消费者的责任扩大,要求消费者在对消费品使用完结后,对非要丢弃的废弃物,如生活垃圾,应遵从废物再利用原则,并从利于废物回收的角度出发,尽可能地将废弃物进行分类丢弃。需要特别指出的是,对于如废弃电池等对环境会产生严重污染的生活废弃物,应交付相关部门进行回收,而不可直接丢弃。对于可不用丢弃的废弃物,如家庭用旧或损坏的家用电器,以及一些闲置的物品,可交付回收公司进行回收,或送到二手市场进行循环使用。

4. 开发绿色技术,实现"3R"化

从某种意义上来说,循环经济是通过对经济系统进行物质流、能量流和信息流的分析,运用协同学原理,找到物质流、能量流和信息流之间的协同关系,并运用生态理论进行评估,最终实现"3R"化。为了实现这个目的,必须要以先进适用的科学技术作为循环经济的支撑和推动力,特别是开发以生态循环技术和环境无害化技术为主要方向的"绿色技术"势在必行。

建立"绿色技术"体系的关键是积极采用无害和少害的新工艺、新技术,大力降低原材料和能源的消耗,尽可能把污染物消除在生产过程中,实现资源和能源的低投入和高利用、污染物的低排放甚至零排放。由此看来,"绿色技术"应该包括使生产过程无废少废和生产绿色产品的清洁生产技术、用以进行废弃物再利用的资源化技术以及用于消除污染物的环境工程技术等。

二、低碳经济

(一)低碳经济的提出

地球变暖威胁的严重性,让人们重新审视自己的生活方式,提出低碳经济和低碳生活方式,需要从高消费的生活走向简朴生活。2010 年国务院政府工作报告指出:"积极应对气候变化。大力开发低碳技术,推广高效节能技术,积极发展新能源和可再生能源……"转变观念发展低碳经济、低碳产业和低碳生产,低碳化成为一种生活方式。

(二)低碳经济的内涵

"低碳"的概念是由英国率先提出来的,指排出到大气层中的碳基只有很少,接近于或等于零。低碳经济是通过采用太阳能、风能、核能、地热能等绿色能源,实现经济发展的低能耗、低污染、低排放,追求高效利用能源,开发清洁能源、绿色能源,是经济可持续发展的一种新模式,是生态经济可持续发展的新阶段。

(三)我国实现低碳经济的重要意义

1. 发展低碳经济是科学发展的必然要求

发展低碳经济不仅是我国经济社会可持续发展的内在需要,还可以产生新的经济增长点。在发展经济上,不能再单凭高能源消耗,不顾环境的发展了。如果还像以往将 GDP 作为我国社会的发展目标,虽然会使经济有所发展,但是会导致生存环境的恶化,这不是我们想看到的,这违背发展的本意,也不符合科学发展观的本质要求。发展低碳经济要求改变经济发展方式,降低资源能量和环境付出的代价来增加 GDP,通过改进工艺和生产流程的方式,使资源的利用效率得到提高,从而更好地发展我国的社会经济,让人民的生活质量得到提升。

2. 发展低碳经济有利于我国调整产业结构

我国的产业结构以工业为主,服务业比较低,工业主要是高碳产业,这就使得污染比较严重。当前我国正处于城市化发展阶段,需要大规模的基础建设,这就需要消耗大量的钢材、水泥、电力等。

这些高碳产业在 21 世纪,是我国未来经济增长所必须要依靠的产业,国内巨大的市场需求没有办法能靠国际市场来满足,也就是说这些产业有其自身的发展合理性。但是不能因此大力加大发展重工业,长此以往,我国的资源储备不仅不够,我国的生态环境也不允许这样,在发展这些产业的时候,要将吨钢生产消耗的标准煤降下来,而不是抛弃以钢铁和水泥为代表的传统产业,要提高能源的利用率。通过发展低碳经济,推进我国的产业结构升级。

3. 发展低碳经济有助于促进我国社会经济实现跨越式发展

改革开放之后,我国高新技术和知识产权发展不够,因此实行"以市场换技术"政策,这就使得我国汽车等技术含量高的产品市场被国外的公司占据大多数。我国自己的产业需要自主开发技术,这已成为共识。我国"973 计划""863 计划"等科技支撑计划已将低碳能源技术、二氧化碳收集储存技术研发等技术纳入其中。由于在这方面,发达国家的技术也没有多少积累,而我国在节能减排技术开发和创新上也有了一定的积累,与发达国家的先进水平的差距并不大。最近几年,我国这方面的技术有了快速增长,因此应当加大对这方面的投入,促进低碳经济的发展,进而推动我国在这一领域内实现跨越式发展。

(四)低碳经济的实现路径

1. 制定低碳经济政策,充分发挥政府的作用

随着我国经济的发展,经济政策在发展中发挥着极其重要的作用。低碳经济财税政策体系包括两部分:一是对市场主体的节能减排行为起激励作用的财政支出政策体系,具体地说,财政支出包含:政府预算拨款、财政补贴、政府采购;二是对市场主体的耗能排放行为起约束作用的税收政策体系,财政收入政策:包含碳税类、税收直接减免、节能设备投资抵税和加速折旧等限制性税收政策。

政府在低碳发展的过程中起到主导、引导、强力推动的作用，政府发展策略从政绩优先、GDP 优先向生态环境优先转变，政府在引导推动的过程中积极制定了减缓气候变暖的一系列政策法规：如《节能中长期规划》《可再生能源中长期发展规划》《核电中长期发展规划》等一系列约束性目标，法律法规的完善节能减排、低碳发展上升到法律法规的高度，为低碳发展营造良好环境，起到了保驾护航的作用。

2. 进行低碳技术开发与创新

开发低碳技术的自主研发和创新，促进高能效、低排放、低污染技术的技术研发和推广应用，在重点和关键领域率先进行突破，建立起有利于推进低碳经济发展的技术体系。

3. 强化企业对低碳消费的推动作用

企业是低碳消费方式的重要推动者，顺应低碳消费发展趋势，为市场提供更多的低碳产品，既是企业的经济行为，又是企业应当承担的社会责任。企业有必要承担起节能减排的责任，积极投入技术、资金、人力等要素，通过技术进步、管理创新，促进能源结构多元化，促进产业结构升级，减少能耗、减少污染、减少碳排放，最终实现生产过程的低碳化。

4. 加强对消费者的引导，转变消费观念

消费观念、理念在一定程度上决定了消费方式，因此，加强民众低碳消费引导，转变消费理念，促进低碳消费。政府有关部门要承担起低碳宣传、教育的责任，利用网络、学校教育、媒体等手段对不同群体、采用不同的方式进行低碳宣传教育，培育全民低碳消费意识，促使低碳消费成为全社会主流意识；其次，政府率先做出表率，引导低碳消费，政府的公众消费方式对社会影响作用较大，且政府行为对社会、公众具有导向作用。政府可以在公务用品采购中尽量使用低碳消费品，建筑低碳办公大楼，在日常公

务中使用节能办公设备等,从行动上做出低碳消费的表率。

5. 建立低碳经济发展的技术支撑体系

低碳技术决定着一个国家的核心竞争力,决定着国家的国际地位,许多国家发展低碳经济,重视技术研发、使用和推广。发展低碳经济要重视技术,由于我国生物质能、太阳能、地热、风能等新能源资源丰富,尤其要重视新能源技术发展。

6. 加强宣传教育培养低碳发展意识

采取多种渠道,加大宣传教育力度,扩大宣传教育的覆盖面,树立低碳发展理念,营造促进低碳经济发展的氛围。通过讲座、培训等方式加强政府部门的低碳发展的教育,因地制宜开展有关低碳经济发展的知识竞赛,树立政府低碳发展意识,加强政府对低碳发展的重视度,并将低碳发展纳入政府政绩考核中;通过学校教育、课本教育,树立学生的低碳生活理念,从日常的生活中节约能源,并通过学生低碳教育进一步影响家长,促进家长的低碳生活、低碳资源、低碳旅游、低碳消费等;通过教育,引导企业进行低碳生产,促进企业引进先进的设备、技术、人才等进行低碳生产,节能减排。通过政府、学校、企业、居民等全方位的参与,促进全社会的低碳发展。

7. 建立评估机制,检验低碳经济发展成效

建立低碳经济评估机制,首先政府或者科研机构要建立一套可行的评估体系,通过对经济发展水平、低碳技术水平、低碳社会水平等多方面进行综合评价,评估低碳经济的发展的水平和质量;在评价经济发展时,要注重系统性、可操作性、目标性、科学性、可比性等原则。通过评估机制,提高政府对低碳发展的重视,提高政府发展低碳经济的责任心;通过评估机制提高政府管理的科学性,及时纠正发展中存在的问题,及时调整战略方针,有效支撑低碳经济发展。

参考文献

[1]周东.能源经济学[M].北京:北京大学出版社,2015

[2]林伯强,何晓萍.初级能源经济学[M].北京:清华大学出版社,2014

[3]魏一鸣,焦建玲.能源经济学[M].北京:清华大学出版社,2011

[4]黄素逸,王晓墨.节能概论[M].武汉:华中科技大学出版社,2008

[5]黄素逸,高伟.能源概论[M].北京:高等教育出版社,2004

[6]黄素逸.能源科学导论[M].北京:中国电力出版社,1999

[7]林伯强.现代能源经济学[M].北京:中国财政经济出版社,2007

[8]王柏轩.技术经济学[M].上海:复旦大学出版社,2007

[9]刘晓君.技术经济学[M].北京:科学出版社,2008

[10]石勇民.工程经济学[M].北京:人民交通出版社,2008

[11]顾念祖,刘雅琴.能源经济与管理[M].北京:中国电力出版社,1999

[12]任有中.能源工程管理[M].北京:中国电力出版社,2004

[13]龙敏贤.能源管理工程[M].广州:华南理工大学出版社,2000

[14]张贤模.技术经济学原理与方法[M].北京:机械工业出版社,1999

[15]彭朋宇.节能监测[M].武汉:武汉工业大学出版社,1991

[16]华泽澎.能源经济学[M].东营:石油大学出版社,1991

[17]吕靖,梁晶.技术经济学[M].北京:化学工业出版社,2008

［18］杨东华.火用分析和能级分析［M］.北京:科学出版社,1986

［19］王光华.化工技术经济学［M］.北京:科学出版社,2007

［20］袁明鹏.新编技术经济学［M］.北京:清华大学出版社,2007

［21］张宏尧.能源技术经济学［M］.哈尔滨:哈尔滨工业大学出版社,1993

［22］仲景冰,王红兵.工程项目管理［M］.北京:北京大学出版社,2006

［23］余建星.工程项目风险管理［M］.天津:天津大学出版社,2006

［24］邵颖红,黄渝祥.工程经济学概论［M］.北京:电子工业出版社,2003

［25］葛宝山,邬文康.工程项目评估［M］.北京:北京交通大学出版社,2004

［26］宋伟,刘岗.工程项目管理［M］.北京:科学出版社,2006

［27］刘新梅.工程经济分析［M］.西安:西安交通大学出版社,2003

［28］王卓甫.工程项目风险管理:理论、方法与应用［M］.北京:中国水利水电出版社,2003

［29］赵国杰.工程经济学与管理经济学［M］.天津:天津大学出版社,2003

［30］宋倩茹.工程经济分析与评估［M］.北京:中国经济出版社,1991

［31］解鲁生.能源基础管理与经济［M］.北京:冶金工业出版社,1992

［32］杜松怀.电力市场［M］.北京:中国电力出版社,2004

［33］孙薇.技术经济学［M］.北京:机械工业出版社,2009

［34］龙妍.基于物质流、能量流和信息流协同的大系统的研究［M］.武汉:华中科技大学,2009

［35］熊家财.国际金融危机背景下国内外股市波动溢出效应的实证研究［J］.江西财经大学学报,2011(5)

[36]徐连兵.整体煤气化联合循环发电技术的发展现状和前景[J].电力勘测设计,2005(6)

[37]杨惠贤,郑惺.能源消费与经济发展关系研究综述与展望[J].产业观察,2012(1)

[38]叶继革,余道先.我国出口贸易与环境污染的实证分析[J].国际贸易问题,2007(5)

[39]张博庭.绿色能源:水电的温室气体减排作用[J].中国三峡建设,2007(1)

[40]张春霞.IGCC技术发展[J].燃气轮机发电技术,2004(2)